## Zu diesem Buch

Gegen Ende des 2. Weltkrieges wurde auch das Ruhrgebiet bombardiert. Frauen und Kinder wurden in ländliche Gebiete evakuiert. So erging es auch Heinz und Erna, die erst ein paar Jahre verheiratet waren, als Erna mit ihren drei kleinen Kindern an die Weser übersiedelte. Heinz musste in Oberhausen a.d. Emscher bleiben, aber sie unterhielten einen regen Briefwechsel, um ihren Kontakt und ihre Liebe zueinander aufrecht zu erhalten.

Erna erzählt aus ihrem veränderten Leben, sie berichtet von den Kindern, den Ängsten und Nöten, denen sie ausgesetzt ist. Einen schweren Schicksalsschlag müssen sie hinnehmen, als ihr Sohn stirbt. Erna hadert mit Gott, und doch holt sie sich immer wieder gerade von ihm in höchster Verzweiflung große Kraft, um ihr Leben weiterhin leben zu können. In schlimmsten Zeiten, da sie um das Leben ihrer Lieben bangt, dankt sie sogar dem Herrgott, dass ihr Junge im Himmel dieser schrecklichen Welt nicht mehr ausgesetzt sein muss, und sieht ihn fortan als Schutzengel.

Trotz ihrer Qualen, Nöte und Pein bleibt sie doch eine starke Frau, legt Gemüse- und Kartoffelgärten an, arbeitet bei den Bauern, wird von Verwandten unterstützt und versorgt auch Heinz mit Lebensmitteln.

Ernas Briefe gehen durch alle Höhen und Tiefen ihres Daseins. Trotz unendlicher Traurigkeit, Wehmut und Heimweh sind sie doch stellenweise voller Liebe, Humor und Fröhlichkeit geschrieben. Die fesselnden zu Herzen gehenden Briefe laden zum nachdenklichen, besinnlichen Verweilen in Ernas Leben ein, aber auch zum Schmunzeln. Sie stellen aber auch eine Dokumentation der damaligen harten Lebensbedingungen dar.

Die Briefe wurden im Nachlass von Heinz gefunden, der sie fast 50 Jahre aufgehoben hatte. Sie wurden im Originaltext übernommen. Die Autorin - eine ihrer Töchter – ergänzt sie mit ihren eigenen Erinnerungen und stellt damit die unbeschwerte Zeit ihrer ersten Kinderjahre der grausamen Wirklichkeit der Erwachsenen gegenüber.

Die Autorin/ Herausgeberin (Mechthild Stelle ist ein Pseudonym) wurde 1940 in Oberhausen geboren.

# Weser grüßt Emscher

## Heimweh nach Dir

Briefe meiner Mutter 1943 -1946

## Mechthild Stelle

Bibliografische Information der Deutschen Nationalbibliothek:
Die Deutsche Nationalbibliothek verzeichnet diese Publikation in der Deutschen Nationalbibliografie; detaillierte bibliografische Daten sind im Internet
über dnb.dnb.de abrufbar.

1. Auflage 2020

© 2020 Mechthild Stelle

Fotos und Karten privat

Einband auf Basis des Fotos auf S. 5: Farben Blau u. Grün für die Land-
schaft an der Weser, Grau für die Chemieanlagen an der Emscher, Rot
für den Krieg

Herstellung und Verlag:

BoD - Books on Demand, Norderstedt

ISBN: 978-3-7519-7708-1

# Einleitung und Vorwort

"Und du bist sicher, dass du meine richtige Mutter bist und nicht die Frau, die mich geklaut hat?" frage ich meine Mutter, die mir gerade eine unglaubliche Geschichte erzählt hat.

Meine Eltern lebten damals mit uns Kindern, meinem drei Jahre älteren Bruder, meiner Schwester Angela, die ein Jahr älter war, und mir, der Zweijährigen, in Oberhausen im Ruhrgebiet. Es war Krieg, von Deutschland begonnen und in die Nachbarländer hineingetragen, und in ihrer Reaktion griffen die damaligen feindlichen Luftverbände immer öfter Städte in Deutschland an, hinterließen Zerstörung und Vernichtung. Oberhausen wurde im Frühjahr 1943 von drei großen Angriffen heimgesucht. In dieser Zeit begann auch die Evakuierung der Frauen und Kinder, die man aus den gefährdeten Gebieten herausbringen wollte. So waren wir in der Zeit Sommer 1943 – Herbst/ November 1946 an die obere Weser evakuiert. Mein Vater arbeitete in einer Chemiefabrik, er musste in Oberhausen bleiben.

Ebenso fuhr mein Bruder nicht mit, er kam später erst nach. Meine Mutter begleitete nun meine Oma und uns Mädchen auf der Fahrt zur Weser. Beim Umsteigen in Altenbeken passierte es: Die Züge waren voll. Meine Mutter lief, den Kinderwagen mit mir vor sich herschiebend, auf dem Bahnsteig am Zug entlang, entdeckte einen Platz im Zug, drückte meine Oma in das Abteil, meine Schwester hinterher, wollte mich aus dem Kinderwagen heben, aber - der Wagen war leer, ich war weg, einfach weg. Im letzten Moment sah sie eine Frau mit mir auf dem Arm in den vorderen Wagen verschwinden. Sie schaffte gerade noch, samt Kinderwagen einzusteigen, schon fuhr der Zug ab. Am nächsten Bahnhof rannte sie los zum anderen Wagen und rettete mich aus den Armen der fremden Frau.

Weiter erzählte sie, Oma hätte im Zug leise gebetet. Um meine glückliche Rückkehr oder aber aus Angst, als der Zug den Viadukt passierte? Ich nehme das Erste an, obwohl mein Schutzengel auch den Zug sicher über die Brücke geleitet hat.

Die Beweggründe der fremden Frau, und wer sie war, blieben unbekannt.

Meine Mutter fuhr bald wieder zurück nach Oberhausen. Später kam sie mit meinem Bruder Ulrich endgültig nach. Das Dorf lag direkt an der Weser. Die Schwester meiner Oma hatte uns bei sich aufgenommen. Sie besaß einen Bauernhof, der am Ende des Dorfes lag. Oma und wir Mädchen wohnten nun bei ihr, während meine Mutter mit meinem Bruder in der „Siedlung", die außerhalb des Dorfes lag, bei lieben Leuten eine kleine Wohnung gefunden hatte. Meine Oma stammte von der Weser, und in der weiteren Umgebung lebten noch Verwandte, die meine Mutter in den nächsten Jahren noch viel unterstützten. Die erste Zeit besuchten sich meine Eltern noch gegenseitig, später wurde das sehr schwierig. Aber Briefe wurden auf allen möglichen und unmöglichen Wegen befördert.

Meine Mutter schrieb häufig Briefe an meinen Vater, Briefe von ihm an sie liegen leider nur zwei vor. Wir nehmen an, dass sie später bei der Rückkehr zur Emscher verlorengegangen sind. Daher, und zum besseren Verständnis und zur Illustrierung der Ereignisse ergänze ich die Briefinhalte mit meinen Erinnerungen bzw. weiteren Informationen (in Normalschrift). Die Briefe sind kursiv gesetzt und in chronologischer Reihenfolge angeordnet. Sie wurden im Originaltext übernommen, wobei auch das damalige Hochdeutsch - Rheinisch - Westfälische Idiom beibehalten wurde und nur die Rechtschreibung auf den letzten Stand gebracht wurde. Weniger bekannte Wörter sowie einige Namen und Orte werden im Anhang erläutert.

Dieses Buch ist bewusst nicht als Biographie angelegt oder als Roman geschrieben worden, sondern es will die Briefe als Quelltext verfügbar und die täglichen Probleme dieser Zeit hautnah erlebbar machen zusätzlich zu dem Wissen über die Millionen Toten.

In den Briefen findet sich keine dezidierte Verdammung des Krieges und seiner Urheber, der NS – Gesinnten. Es gibt nur wenige Stellen, in denen „…dieser Mist…" angesprochen wurde. Wir vermuten, dass meine Eltern dies aus der Befürchtung, dass Briefe verloren gehen und (oder sogar absichtlich) geöffnet werden könnten, vermieden haben. Was aber sehr deutlich wird, ist ihre große Religiosität.

Die ersten Briefe berichten über die Geschehnisse dort, die Plage mit den Lebensmittelkarten bzw. Bezugsscheinen, dem Organisieren großer und kleiner Dinge. Spätere Briefe berichten auch von den Mühen der Lebensmittelversorgung u.a. durch „Eigenanbau".

# 1943

## Umzug und Einrichten am neuen Ort (Herbst 1943)

Nachdem mein Vater wohl Anfang September 1943 an der Weser gewesen war und wieder abgereist war, plant meine Mutter mit meinem Bruder einen Besuch in Oberhausen - Holten.

*Brief vom 17. September 1943*

*Lieber Heinz,*

*anbei eine Milchkarte. Hoffentlich kommt der Brief so früh an, dass Mattler sie noch zur Eintragung annimmt. Ich konnte erst heute die Lebensmittelkarten in Beverungen holen. Bist Du gut nach Hause gekommen? Else schrieb heute, dass des Nachts so einigermaßen Ruhe herrsche. Ich bin sehr froh darum. Also Dienstag werden wir dann kommen, wenn nur nicht noch die Zwetschgen wieder dazwischen kommen, die ich noch kriegen soll. Dann aber Mittwoch. Die Fettkarte lass ich bei Landers eintragen, die bringe ich aber erst mit, für den Fall, dass der Brief verloren gehen sollte. Bis nächste Woche also. Viele liebe Grüße von Deiner*

*Erna*

*Ulrich ist unsichtbar, sonst könnte er Dir wieder was vormalen. Er freut sich übrigens genauso aufs Nachhausekommen wie ich. Hoffentlich freust Du Dich auch.*

*Nochmals Gruß und Kuss. Deine Erna.*


*Brief vom 08. Oktober 1943*

*Lieber Heinz,*

*Ulrich sitzt mir gegenüber und schreibt mit knallroten Ba-*

cken dem Papa einen Brief, das Ergebnis anbei. Dabei schimpft er, dass ich die Linien zu breit gezogen hätte. Und das e, soll ich Dir sagen, wäre auch bestimmt ein blödsinniger Buchstabe. Außer diesem e gibt's hier aber auch keine Neuigkeiten. Oder doch, einen Brief vom Land-ratsamt Höxter, betr. Räumungsfamilienunterhalt. Sitzt Du übrigens fest? Andernfalls halte Dich fest. Ich war nämlich auch ganz erschüttert. Also, ich kriege

75,-- RM für 3 Angehörige unter 16 Jahren
25,-- RM Mietbeihilfe
24,-- RM zusätzliche Beihilfe,

macht monatlich 124,-- RM (ganz schön, nicht?), hiervon abzurechnendes Einkommen, bleiben 10,-- RM monatlich. Darunter steht: Als Mehraufwendung wird die Miete von 25,-- RM monatlich bewilligt. Also zu den obigen 10,-- RM schenken sie mir gnädiglich noch 15,-- RM dazu. Doch 'ne Glanzleistung, wie? Dass wir durch die getrennte Haus-haltsführung Mehrauslagen haben, ist ja Nebensache. Vati hat's ja! Der ganze Schwindel ist die viele Lauferei, die man sich darum gemacht hat, gar nicht wert. Hat es wohl Zweck, dagegen Beschwerde einzulegen? Ich glaube ja nicht, man hat dann bloß noch mehr Ärger. Du sagtest ja auch schon, dass die Geschichte faul aussähe. Aber eine Einquartierung bei uns zu Hause, die uns nicht ganz passt, kommt ja nun auf keinen Fall in Frage. So, das wäre das Geschäftliche. Wirst Du einigermaßen fertig? Wie ist das Essen mittags? Und hoffentlich müsst Ihr nicht wieder Abend für Abend in den Bunker. Uns geht es allen gut. Ulrich hat am Freitag Geburtstag und Tante am Sonntag Namenstag. Ich wünsche Dir nun alles Gute besonders im Bezug auf die Nächte. Viele liebe Grüße für heute von Deinem Ulrich und Deiner

Erna

Der Hof meiner Großtante lag am Ende des Dorfes. Rechts neben dem Haus war ein Garten, der entlang zur Dorfstraße verlief. An der Giebelwand rankte Wein hoch.

Hinter dem Wohnhaus befanden sich die Schweine- und Kuhställe. Die anschließende Scheune schloss an den hohen Felsen ab. Der Garten endete an der breiten Einfahrt, die in den großen Hof führte und zwischen Garten und den Klippen lag.

Auf dem Hof waren Zwangsarbeiter verpflichtet, unter anderen auch einige Franzosen. Nun war es so, dass meine Oma immer versuchte, besonders gutes Essen für uns zu

In Tantes Garten: Tante, Oma, meine Eltern, wir drei Kinder

ergattern. Sie pflückte heimlich die dicksten Weintrauben und schöpfte z. B. aus den Milchkannen den dicken Rahm von der Milch. Nach dem Essen bekamen meine Schwester und ich regelmäßig ein Schüsselchen mit Pudding vorgesetzt. *Nein, unseren Pudding essen wir nicht, den mögen und den wollen wir nicht!* Zur Strafe wurden wir ins "gute Zimmer" eingesperrt. Von der großen Küche, mit einem riesigen Esstisch, an dem alle gemeinsam aßen, führten 3 oder 4 Holzstufen nach unten in das gute Zimmer, das Straßenzimmer. Dort saßen wir, die Türe war zu und wir heulten. Nach einer Weile ging die Türe leise auf und Jules, ein junger Franzose, schlich herein. Er setzte sich auf die Stufen, nahm jeweils eine von uns auf das eine und andere Knie, wiegte uns sanft hin und her, bis wir zu weinen aufhörten. Wir ließen uns oft trösten, denn den Pudding aßen wir nach wie vor nicht. (Vielleicht war aber auch Jules der Grund).

Auch eine Russin arbeitete auf dem Hof mit. Sie glaubte wohl an Gespenster. Jedenfalls hatte sie eines Tages ihre Schürze gewaschen und draußen auf die Leine gehängt. Später unter viel Geschrei, oh, oh, Schürze geklaut, weg, gefressen von Kuh? Sie (die Russin) war nicht zu beruhigen. Das Christkind schenkte ihr dann zu Weihnachten eine neue Schürze.

Zu Hause in Oberhausen gibt es mittlerweile öfters Alarm. Meine Mutter macht sich Gedanken und Sorgen und ist froh, dass mein Vater kein Soldat ist. (Er hatte nämlich in seinen Pass einen Vermerk „UA" erhalten. Das hieß „unabkömmlich". Als Maschinenbauingenieur arbeitete er in einem Chemiewerk, das damals Benzin aus Kohle herstellte, was für die Wehrmacht von größter Bedeutung war. Dieser Eintrag verschonte ihn daher von der Einberufung.)

Das Ruhrgebiet leidet weiter unter Angriffen. In Holten steht ein sicherer Bunker, zu dem die Bevölkerung bei Alarm eilt. Auch mein Vater gehört zu den Schutzsuchenden.

Meine Mutter lässt kleine einfache Aufträge von Handwerkern im Dorf für Leute von zu Hause erledigen. Davon und von vielen organisatorischen Dingen schreibt sie im folgenden Brief.

*Brief vom 13. Oktober 1943*

*Mein lieber Heinz,*

*heute Mittag bekam ich endlich Deinen lieben Brief. Ich war auch schon ein bisschen ungeduldig trotzdem ich mir sagte, dass Du des Abends wohl ebenso wenig Zeit wie am Tage hast. Denn wenn Du mit dem Abendbrotmachen und -essen fertig bist, wird's wohl Alarm geben. Dafür musst Du dann aber immer mehr an mich denken, ja? Natürlich habe ich am Samstagabend in der Zeit, in der Du hättest kommen können, gedacht, wie schön wär's jetzt wenn ... und als ich ausrechnete, dass bis Ende Oktober (wie wir ja verabredet hatten) noch drei lange Wochen sind, hat sich das dumme Blag hingesetzt und geheult. Aber ich muss doch noch froh sein, dass wir uns noch verhältnismäßig oft besuchen können. Wenn Du ja Soldat wärst, wäre es viel schlimmer. Nun freuen wir uns alle auf den 31.10..*

*Mechthild hat vorige Tage, als Tante Else abfuhr und sie nicht mitnehmen wollte, wütend erklärt, wenn der Papa kommt, der nimmt mich aber mit, der ist nicht so dumm. Ja, wenn der Papa uns nur alle vier wieder mitnehmen könnte, das wäre schön! Schlagwort ist überhaupt, wenn der Papa kommt. Angela ist nicht so rebellisch, ich glaube, die hängt ebenso sehr an der Oma wie an uns. Ulrich ist eigentlich immer fleißig bei der Schularbeit. Dann geht die Zungenspitze immer zwischen den Lippen hin und her. Sie rechnen bis 4, und zwar so ausgiebig, dass er die letzten Tage so konfus war und überhaupt nichts mehr konnte. Ich* glaube, da muss ein toter Punkt überwunden werden, denn die ersten Tage hat er prompt geantwortet. Wenn Du übrigens ein Schwämmchen für Ulrichs Tafel irgendwo erwischen kannst, bringe es mit, ja? Das jetzige löst sich in Fetzen auf. Wenn Du Ulrichs Schuhe noch nicht abgeschickt hast, dann bringe sie doch lieber selbst, ein Paket könnte doch verlorengehen. Bei diesem schönen Wetter kann er noch gut die Stoffschuhe anziehen.

Drechsel kommt also Samstag nicht. Ich werde dann dem Spieker sagen, dass er es dann gelegentlich, wenn also Drechsel kommt, macht. Den Bezugschein behalte ich mal erst hier. Ich habe heute in Beverungen die Lebensmittelkarten für die Kinder geholt und schickte Dir von dort aus die 1/2 Liter - Milchkarte. Die olle Magermilch brennt ja doch an, wenn Du Suppe kochst. (Deinen Brief fand ich beim Nachhausekommen erst vor). Wegen meiner Karten muss ich dann nochmal hin. In Beverungen habe ich heute für Angela und Mechthild ein Paar prima Halbschuhe erwischt, die noch aus einem Bestand von vor 2 Jahren stammen sollen. In den größeren Nummern, für Ulrich, habe ich noch nichts gefunden, wohl Halbschuhe, aber für ihn möchte ich lieber hohe Schuhe haben. Wenn Du dort zufällig in Nr. 29/30 was findest, kannst Du sie vielleicht zurückstellen lassen. - Die Zusammenstellung für Deine Eltern habe ich bei meinem letzten Besuch in Essen samt den Kassenzetteln dort gelassen, allerdings habe ich in der Zusammenstellung nur die Beträge, nicht die Waren aufgeführt. Den Zettel schicke ich Dir also mit zurück. - Die 30,--RM Kinderbeihilfe werden auf Mechthilds Sparkassenbuch verbucht, liegt in der grauen Mappe im kleinen Koffer (eilt aber nicht, kann auch später noch nachgetragen werden.)

Oma ist noch hier, sie wollte eigentlich Allerseelen mal Vaters Grab besuchen, also um diese Zeit ihre Reise ma-

*chen. Weil Du uns aber dann gerade besuchen willst, will sie noch etwas länger hierbleiben und erst die andere Woche im November für 2 - 3 Wochen nach Hattingen fahren. Sie meinte, wenn ich mich dann um die Trabanten bemühen müsste, hätte ich ja für Dich doch kaum noch Zeit. Recht hat sie ja und ist doch lieb von ihr, nicht? Tante hat nicht, wie ich erst dachte, Sonntag Namenstag, sondern jetzt Freitag schon, er wird aber erst am Sonntag gefeiert. Die Karte an die Tante in Körbecke ist schon weg. Ulrich wird sich über die schöne bunte Karte vom Papa sicher mehr freuen als über den Lodenmantel, den er jetzt unbedingt haben muss (und den ich Gottseidank nur aus dem Schrank nehmen brauch, weißt ja, den Maria Bach uns damals noch besorgt hat). Es ist jetzt besonders morgens empfindlich kalt, nachher aber das herrlichste Wetter seitdem ich hier bin. Vormittags und abends krose ich am Nähtisch und Nähmaschine herum, habe endlich mal die notwendigen Flick- und Stopfarbeiten erledigt und für Dich eine neue Unterhose genäht, die Du aber erst mal anziehen sollst. Wenn sie sitzt, mache ich noch 2 dazu. Soweit reicht der Stoff. Weißt Du übrigens, woran es liegt, wenn die Nähmaschine Stiche überschlägt? Vielleicht hat sich beim Transport irgendein Schräubchen gelöst. Aber was für eines. Das ist sehr dumm. Gerade jetzt brauche ich die Maschine so viel.*

*In Körbecke war ich noch nicht. Ich warte noch auf die Wolle (von Mia), die ich ja zum Spinnen mitnehmen wollte. Einen Handwagen soll ich nun in Würgassen bekommen, durch Anni. Es dauert aber noch ziemlich lange. Die Wagenteile ohne die Eisenbeschläge und Eisenteile kann man sofort kriegen. Erich aus Hattingen will ihn so nehmen, er meinte, die Eisenteile würde er schon drankriegen. Hat das für uns auch Zweck? Mit der Familienunterstützung ist es so zu verstehen, dass man als Mehraufwendung statt 10,--RM monatlich 25, --RM gewährt, damit* wenigstens die Miete mit dem Betrag vergütet wird. Ich hatte auch zuerst 35,--RM im Ganzen angenommen. Beschwerde kann innerhalb eines Monats eingelegt werden. Der Bescheid ist ausgestellt am 22.09., eingegangen bei mir am 5.10.. Frag mal die Ilse Bleck, ob es Zweck mit einer Beschwerde hat. –

Gut, dass Du die Holländer zum Helfen hast. Du kannst im Garten doch nichts mehr tun, um ½ 7 Uhr ist es schon dunkel.

Hast Du alle Kartoffeln gekriegt? 3 Ztr.? Womit hast Du denn die Kaninchen gefüttert? Die Kartoffeln waren doch alle. Gut, dass Frau Müller den Kürbis gerettet hat, es wär' schade drum gewesen. Wenn es geht, bring mir einen Kürbis mit. Ich mache ihn dann hier ein. Hast Du auf dem Werk eine Ecke, wo Du Dich mittags mal 'ne ½ Stunde hinlegen kannst? Oder machst Du in einer Tour durch? Verhungern wirst Du also nicht. Gottseidank, dass es mit dem Essen so einigermaßen klappt. Werden die Tomaten alle reif? Hier wird kaum noch eine rot, es ist zu kalt. Von Weintrauben weiß mein Herz nichts. Gerd wird wohl besser Bescheid wissen. Mama, Tante und ich wollen nächstens zusammen Dorchen im Kloster besuchen. Ich frage dann mal wegen Spruchkarten. 3 Ztr. Einkellerkartoffeln stehen fertig für mich in der Scheune. Jules bringt sie mir morgen herauf. Auf die Überraschung für Ulrich bin ich jetzt aber auch gespannt. Denke bitte auch an die Kette für den Ruderrenner.

Es ist nun bald 12 Uhr und die Mäuse gehen hier im Zimmer lustig spazieren. Gift gibt's auch nicht mehr. Ich muss mir unbedingt ¼ Stab - Leisten besorgen und vor die Fußleisten nageln, denn durch die breiten Spalten kommen sie ja wohl. Sie gehen sogar nachts an die Äpfel, die in der Glasschale auf dem Nähtischchen stehen. - Schreibe auch mal, ob ich Dir nicht doch noch Lebensmittelkarten von mir *schicken soll. Die Butterkarte werde ich doch wohl hier eintragen lassen müssen, sonst wird es zu spät. Du nimmst Dir aber nachher von hier Butter mit nach Hause. Ich brauche sie ganz bestimmt nicht alle. Auch die Margarineabschnitte sollst Du wieder mitnehmen. Sonst hast Du ja gar nicht genug Fett zum Bratkartoffeln machen.*

*Ob Du wohl schon zu Bett gegangen bist? Oder liegst Du auf dem Sofa und hörst die "Mitteilung an alle" oder bist Du vielleicht sogar im Bunker? Ich wünsche Dir das Erstere und dazu Ruhe die ganze Nacht. Auf jeden Fall möchte ich gern bei Dir sein, Heinz.*

*Oma, Tante und die Kinder grüßen vielmals. Besonders herzlichen Gruß und einen lieben Kuss und noch einen von Deiner*

*Erna.*

Der nächste Brief ist heiter geschrieben, ja, man könnte glauben, ein schöner Urlaubsgruß von der Weser an meinen Vater.

*Brief vom 15. Oktober 1943*

*Lieber Heinz,*

*nun haben wir heute schon Tantes Namenstag gefeiert, weil sich für Sonntag eine entfernt verwandte fünfköpfige Familie eingeladen hatte, die Tante sehr ungern sieht und für die auch kein Platz mehr gewesen wäre. So haben wir alle Mann heute Morgen gebacken und heute Nachmittag war es dann sehr gemütlich. Tante freute sich, dass sie sich zum ersten Male in ihrem Leben an einen fertig gedeckten Kaffeetisch setzen konnte. Das hatten natürlich Oma und ich alles besorgt. Sonntag kommen dann Oma und die Kinder zu mir, Tante kann dann mit ihrem Besuch in aller Ruhe fertig werden. Gestern ist auch August für 3 Wochen in Urlaub gekommen. Ich bin doch froh, dass Du nicht ganz so weit von mir weg bist. Und wenn wir dann Sonntagnachmittag alle zusammen sind, werden wir Dich sehr vermissen.*

*Mechthild hat jeden Tag irgendwas mit dem Papa. Heute holte sie sich ihren Mantel und wollte draußen aufpassen, wenn der Papa kommt. Als ich sagte, ob er denn heute käme, sagte sie:"Ja, wenn doch Besuch da ist?" Die ist jetzt 'ne ulkige Nummer! Heute Morgen fegte sie die Backstube und sagt der Angela, sie solle das Kehrblech holen. Angela tut's nicht, da schreit sie sie an: "Kannst du denn nicht hören, wenn ich dir was sage!" Darauf holt Angela schleunigst das Kehrblech. Ulrich hat sich über Papas Grüße und die schöne Karte sehr gefreut und will Dir dafür morgen auch einen Brief schreiben. Heute ist es schon zu spät, er muss jetzt unbedingt ins Bett. Er ist heute ganz stolz mit seinem neuen Mantel zur Schule gegangen. Er kann ihn unverändert anziehen, ist ja wohl noch etwas reichlich, aber er kann dann auch was dickeres drunter anziehen. Ich glaube, ich muss auch ins Bett, ich schreibe schon alles falsch. Es ist bloß so kalt im Bett. Ich müsste das elektrische Öfchen, oder besser Dich, haben, ja? Viele Grüße und ein Küsschen von Ulrich und einen besonders lieben Kuss von Deiner*

*Erna.*

Der Bruder meiner Mutter war Soldat. Hin und wieder erhielt sie Feldpost von ihm. Sie schlug dann den Atlas auf, um zu sehen, wo sich Onkel Alfred gerade befand. Meine Schwester sagte später, sie hätte sich das so vorgestellt, dass auf der Landkarte ein Lämpchen aufleuchtete - und da war der Onkel.

Nach einem kurzen Besuch Ende September in Oberhausen freut sich meine Mutter schon wieder auf das Wiedersehen mit meinem Vater an der Weser. Sie möchte mit ihm einen schönen Herbstausflug machen.

*Brief vom 17.10.1943 (Ulrichs Tauftag, genau wie vor 6 Jahren auf einem Sonntag).*

*Lieber Heinz,*

*ob Du uns wohl heute auch wieder einen Brief schreibst, denn heute am Sonntag hast Du doch vielleicht eher Zeit als werktags. Wir waren heute um 10 Uhr im Hochamt, heute Nachmittag haben wir alle bei mir Kaffee getrunken und dann hat Oma uns einen neuen Weg gezeigt, den ich noch nicht kannte, und den wir beide nächstens auch mal gehen müssen. Hoffentlich bringst Du dann schönes Wetter mit. Mit der Kälte scheint es vorbei zu sein, es war heute fast wieder warm. - Dass ich erst wieder 14 Tage hier bin, kann ich fast nicht glauben, mir kommt es viel, viel länger vor und noch genau so lange muss ich also auch warten, bis Du wieder bei mir bist. Ich freue mich sehr auf Deinen Besuch, Du auch? Nur schade, dass Du nicht ein paar Tage länger hier bleiben kannst, damit wir auch mal Zeit zu einer Wanderung durch den herbstlichen Wald hätten. Er leuchtet in allen Farben. Vielleicht kommen wir aber auch am Sonntag dazu. Wir brauchen ja auch nicht so weit zu gehen, haben den Wald ja nahebei. –*

*Dein Vetter Franz, den Du in Borken getroffen hast, ist doch der, der die Frau mit polnischem Namen hat? War also auch verwundet? Willi hat auch ähnliche Verwundungen. Splitter in den Beinen und eine Ferse durchschossen. Er liegt in einem Lazarett in der Ukraine. - Alfreds Feldpost Nr. ist: 38 ..... ( Soldat Alfred K.). Von Alfred habe ich auch lange nichts gehört. Es ist sicher wieder was verloren ge-*

*gangen. Ich will ihm auch schreiben. Ulrich ist vom Brief an den Papa weg auf' s Sofa gegangen und schläft schon wieder fest. - Wenn Du kommst, bring mir etwas Geld mit. Denke auch an die Schere für die Bilder (Alben). Ich wünsche Dir eine gute Nacht. Bis morgen oder übermorgen viele liebe Grüße und einen lieben dicken Kuss von Deiner*

*Erna.*

## Dem Krieg doch nicht entronnen (Okt. / Nov. 1943)

Auf dem Hof streunten und spielten wir überall. Auch mein Bruder war öfters dabei. Wir tobten im Taubenschlag und erschreckten die Tauben, scheuchten die Hühner im Hof durcheinander, waren in den Ställen und irgendwann auch auf dem Kornboden. Dort lagerte der Saatweizen. Wir Mädchen trugen Kittelschürzchen mit Taschen, die füllten wir mit ein paar Körnern und knabberten sie auf weiteren Streifzügen. Dann, mein Onkel, was habt ihr da? Er machte sofort Meldung bei meiner Mutter, die sauste gleich zum Arzt, der kam und flößte uns ein Brechmittel ein. Bei meinen Geschwistern ging es gleich los, nicht so bei mir! Was ich einmal hatte, gab ich doch nicht so schnell wieder her! Deswegen bekam ich noch mal einen Löffel von dem Zeug. Dann gab es auch bei mir kein Halten mehr. Bitte, woher sollten wir wissen, dass Saatweizen giftig ist?

Von unserem Ausflug auf den Kornboden berichtet meine Mutter ausführlich in nachfolgenden Briefen vom 20. und 22. Oktober. Für derartige Fälle mit uns sicherte sie sich mit dem "Lexikon der Hausfrau" ab, das sie sich schicken ließ. Auch vom Bombenterror auf Kassel berichtet sie im letzten Teil ihres Briefes. Vom 22. auf den 23. Oktober erlebte Kassel einen schweren Bombenangriff. Kassel versank in Schutt und Asche. Fast 10.000 Menschen verloren dabei ihr Leben. Kassel brannte. Den feuerroten

Himmel konnten wir abends bis zu uns sehen. Wir standen bei Tante in der guten Stube alle am Fenster. Wir Mädchen staunten über den "schönen" Himmel, die Erwachsenen hatten große Angst und manche weinten.

*Brief vom 20. Oktober 1943*

*Lieber Heinz,*

*hat es heute Nachmittag bei Euch Zunder gegeben? Es brummte den ganzen Nachmittag in mehreren Wellen hier herum und in der Feme wurde auch tüchtig geschossen. Gegen 19 Uhr überflog uns ein starker Verband und kam jetzt, 22 Uhr, zurück. Wo mögen die ihre Teufelslast wieder abgeladen haben? –*

*Mir geht es heute wieder gut, alles in Ordnung. Das Ofenrohr hat einen Durchmesser von knapp 11 1/2 cm, Länge 1,60 m verschiebbar (hattest Du selbst damals angegeben, kann aber ruhig etwas kürzer sein). An Friedl, Antonie und Max habe ich geschrieben. Der Brief von Max (Feldpost Nr. 2 ... .). Tante Grete kommt auch noch dran. Hat das Wildkaninchen gut geschmeckt, oder habt Ihr's in der Bratpfanne überhaupt nicht mehr wiedergefunden? 1 1/2 Pfund, Donnerwetter! Was machen Deine Eltern? Noch im alten Geleise? Sonntag kommt Tante Veronika nach hier. Ich werde mich dann bei ihr anmelden. Vielleicht kriege ich dann eher ein paar Eier mit, als wenn ich so ganz unvorbereitet komme. An Kleie denke ich dann auch.*

*Hoffentlich macht Drechsel uns nicht wieder einen Strich durch die Rechnung. Wenn er mich ärgert, bestelle ich ihm den Spieker auf. Die Sache mit Walters? Na ja, die wollen anscheinend unbedingt reich werden, wenn auch auf Kosten jeder Gemütlichkeit. - Wie schön, dass es mit Frau Müller klappt. Ob Du den Garten wohl allein fertig kriegst in den paar Stunden, die Dir zu Verfügung stehen? Ich hätte so richtige Lust zum Mithelfen. Dahlien usw. sind hier schon alle erfroren. Wenn Du Mausefallen oder Giftweizen kriegen kannst, bringe bitte alles mit. Hier gibt es Mäuse, Mäuse, Mäuse, aber nichts dagegen. Das kaufen alles die Ortsbauernführer auf. Ob die es unter'n Glaskasten setzen?*

*22.10. 1943 Nun komme ich erst heute zum Weiterschreiben. Gestern kam ich nicht mehr dazu. Unsere Drei mussten heute im Bett bleiben. Vorsichtsmaßregel vom Onkel Doktor. Eigentlich sind sie ganz gesund. Die Oma und mich haben sie halb verrückt gemacht und die Betten halb kaputt getobt vor Übermut. Ursache ist die: Die drei sind gestern auf den Kornboden geraten und haben da Weizenkörner geknabbert. Das wäre ja auch weiter nicht so schlimm, wenn sie nicht ausgerechnet an den Saatweizen geraten wären, und der ist gebeizt.*

*Gerd hat es nun gesehen und sagte es uns sofort. Oma und ich kriegten nun Angst, wurden aber von den anderen ausgelacht. August meinte, er wollte ein ganzes Pfund von dem Zeugs essen, ohne dass es ihm schaden würde. Aber ich bin doch sofort nach Karlshafen zum Arzt gefahren, der aber (wie gewöhnlich) gerade unterwegs war. Dr. Wilde hat aber die Geschichte doch so ernst genommen, dass er selbst sofort hierher kam, als ihm zu Hause bei seiner Rückkehr von der Geschichte gesagt wurde. Ich hatte zwischendurch auch noch mal bei ihm angerufen. Also er brachte Brechmittel mit und dann gab es kein Halten mehr. Na, die Hühner haben sich heute Morgen sicher gefreut. Und dann für heute Bettruhe. Der Einfachheit halber hatten wir sie alle drei bei Tante in die Betten gepackt. Im Bett waren sie also, aber von Ruhe war keine Spur. Auch von Bauchweh oder irgendeiner Begleiterscheinung von Vergiftung nichts zu merken. Nur gestern Abend, als es bei*

Mechthild oben und unten kam, meinte sie in einer Atempause: Ich muss sterben. Und Ulrich auch zwischendurch. „Ich esse nie wieder Weizenkörner." Die Verhaltensmaßregeln vom Arzt werde ich natürlich genau einhalten. Auch jetzt noch, wo alles gut gegangen ist. Die können einen in Spannung halten! Viel können sie auch von dem Zeug nicht gegessen haben, weil Gerd es sofort sagte und ich dazwischen fuhr. Bringe mir auch nun bitte die Krankenscheine für die Trabanten mit. Und das Lexikon der Hausfrau hätte ich ganz gerne hier. Ich will ja nicht hoffen, dass ich es für ähnliche Fälle mal brauchen muss, aber bei unserem Trio muss ich ja doch auf allerhand gefasst sein. - Dann möchte ich den Fußsack vom Kindersportwagen haben, liegt im Luftschutzkeller bei dem Pack, der vor dem Durchbruch zum Nachbarn liegt (oder lag). -

Lieber Heinz, gerade haben wir ein paar aufregende Stunden erleben müssen. Kassel muss wohl wieder einen ganz schlimmen Angriff mitgekriegt haben. Es war unheimlich, und ich habe schreckliche Angst gehabt. Über das Dorf trudelte ein brennendes Flugzeug weg, wovon brennende Teile in die Schmiede fielen und dort natürlich zündeten. Als ich den Feuerschein sah, habe ich Ulrich bei Herrn Dachs gelassen und runter ins Dorf, weil ich doch nicht wusste, welches Haus brannte. Die beiden Kleinen habe ich nun für heute Nacht mit nach hier genommen, für den Fall, dass Tantes Haus doch noch geräumt werden müsste. Der Brand ist zwar schon wieder gelöscht. Die umliegenden Feuerwehren waren sehr schnell da, aber man kann doch nicht wissen, ob' s nicht noch mal aufflammt. Das Flugzeug trudelte übrigens ganz langsam auf die Würgasser Seite und dort in der Nähe ins Feld. Ein Glück, dass es nicht noch Bomben bei sich hatte. Die sogen. Christbäume standen überall, auch reichlich nahe bei uns. Na ja, so kommt man wenigstens nicht aus der Gewohnheit. Den Einheimischen ist dieses Mal das Lachen und

24

*Herumstehen und Staunen doch vergangen. So schlimm hätten sie es doch noch nicht mitgemacht.*

*So, nun noch mal zum Ofenrohr; also ein Knie ist ja noch hier, das passt. Aber wir müssen doch noch eins haben, bringst Du das noch mit? Das Brett für das Fenster müsste 83cm lang sein und vielleicht 20-25 cm hoch. Das kommt aber nur für das Fenster nach der Gartenseite in Frage. Das andere Fenster nach der Straße hin klafft unten und oben und überall. Da müsste doch der Doppelrahmen passend gemacht werden. –*

*Ich glaube, nun habe ich genug zusammengeschrieben und mich auch wohl wieder soweit abgeregt, dass ich nachher einschlafen kann. Bis ½11 Uhr (d.h. 22.30 Uhr) hat der Spuk vorhin gedauert. Über Kassel ist der Himmel noch blutrot. Man darf gar nicht an die armen Menschen denken. Hat man im Drahtfunk heute Abend gesagt, dass es hier herüber ging? Dann wirst Du Dir ja Sorgen genug gemacht haben.*

*So, nun aber wirklich Schluss für heute. Herzlichen Gruß und einen lieben Kuss von Deiner Erna.*

*Tante Guste lässt herzl. Gruß und Dank bestellen.*

Meine Mutter erzählte auch, dass gegenüber des Dorfes auf der anderen Weserseite bei Würgassen zwei Flugzeuge abgestürzt seien. Sie sei dort gewesen und fand u.a. noch erhaltene Konservendosen.

Der Absturz wird im nächsten Brief nur kurz angeschnitten. Die Sorge um das Tägliche und die Angst um die Lieben zu Hause sind vorrangig. Was nirgendwo vermerkt ist: Zu Hause hatte eine Brandbombe eingeschlagen und ein Kinderzimmer teilweise zerstört.

Beide Großväter hatten bei Krupp in Essen gearbeitet; einer war schon vor dem Krieg gestorben, der andere arbeitete noch dort. Die u.a. „Lösung" oder Nicht-Lösung ist mir aber unklar – möglicherweise eine Frühpensionierung?

Die erwähnte Tante Veronika war eine Schwester meiner Oma, beide kamen aus der Mühle in Körbecke. Über den Besuch war meine Mutter sehr glücklich, sicher auch wegen der sehr guten und leckeren Sachen, die sie uns mitgebracht hatte.

Schindelberg im Allgäu scheint eine Alternative als Evakuierungsort gewesen zu sein. Meine Eltern waren vor dem Krieg dort mal zu Gast und nachher dort im Urlaub.

*Brief vom 26. Oktober 1943*

*Lieber Heinz,*

*nun ist es doch einen Tag später geworden mit meinem Brief. Gestern Abend habe ich meine Füße mal in Ordnung bringen müssen. Ich konnte bald nicht mehr laufen. Und nachher war ich so schläfrig geworden, dass ich gleich ins Bett gegangen bin. Tante Veronika ist heute wieder abgefahren. Sie hat Dich und mich nochmals eingeladen, wenn Du noch einige Ferientage bekommen solltest. Außerdem brachte sie mir ein großes Stück Speck, mindestens 2 Pfund, mit und an die 20 schöne dicke Äpfel für die Kinder. Schade, dass Tante Veronika nicht mehr Herrin in der Mühle ist, die würde gut für uns sorgen. - Ulrich geht ganz gerne zur Schule, freute sich aber doch mächtig auf den heutigen schulfreien Tag (Lehrer verreiste heute), wie sich das doch auch gehört. – Dass man für Deinen Vater tatsächlich keine andere Lösung bei Krupp fand, ist doch ein starkes Stück. Wenn er sich doch nur etwas besser wehren könnte. –*

*Unsere Briefe kreuzen sich immer. Die Maße für das Ofen-rohr musst Du jetzt nun auch schon haben, ebenso für das Fensterbrett. Viertelstäbe habe ich noch nicht. Ich habe mir die Geschichte mal richtig angesehen und müsste, wenn es Zweck haben sollte, beide Zimmer rundherum damit versehen. Das könnten wir ja allenfalls in der Küche tun, wo die Möbel leichter abgerückt werden könnten. Nägel für die Leisten habe ich natürlich nicht genug, bringe noch mal welche mit. Einen Bezugschein für 'nen Boller-wagen kriege ich nur nach polizeilicher Ummeldung und Umzugsbestätigung vom Ernährungsamt. Schließlich kriegst Du in unserer dortigen Bezugsscheinstelle doch eher einen. Und auch einen für das verbrannte Kinder-stühlchen, ein zweites Kinderstühlchen könnten sie dann an Stelle des verbrannten Laufställchens bewilligen. Aber das eilt ja nicht und kann ich vielleicht bei meinem nächs-ten Besuch dort alles erledigen. - Bringe doch Deine schmutzigen Strümpfe mit. Die kann ich dann hier fertig-machen und Oma bringt sie nächstens wieder mit. Oma bleibt noch solange hier, bis August wieder weg ist (2. Novemberwoche), damit der Haushalt nicht aus der Ge-wohnheit kommt. (Ich glaube, Oma hilft da immer noch ganz anständig mit.) Meine Lebensmittelkarten habe ich abgeholt, in Ordnung. Möhren und Steckrüben gibt es hier keine, wohl Runkeln. Wenn Du davon welche haben willst, bringe doch 2 oder 3 Säcke mit.*

*Von Nordhorn ist damals kurz vor meiner Umsiedlung ein Paket mit Aufnehmern usw. angekommen. Etwa 14 Tage später habe ich auch von hier aus nach Nordhorn ge-schrieben und mich bedankt. Der Brief scheint ja dann also auch verloren gegangen zu sein. Ich will darum nochmal schreiben. –*

*Dass Du vor lauter Langeweile auf den stillen Suff gerätst, brauche ich doch nicht zu befürchten. Erstens wirst Du vor lauter Küchenzettelsorgen keine Langeweile haben und zweitens fehlt zum Suff ja heute auch das Allerwichtigste. Darum gönne ich Dir Dein Fläschchen Bier von Herzen, also prost, Heinz. Ist Ursula nun auch wieder weg? Den Fußsack vom Kinderwagen wollte ich als Zwischenfutter für Pantoffel für die Kinder gebrauchen. Verwahren brauchen wir ihn ja doch mal erst nicht mehr. Wenn du nun wieder so viel zu schleppen hast, mache von solchen Sachen, die nicht so ganz wichtig sind, wie z. B. den Fußsack, doch ein Paket und schicke es nach hier.*

*Seit der schlimmen Nacht von Kassel haben wir hier Ruhe gehabt. Hier liegen übrigens nahe bei Würgassen sogar zwei abgeschossene Maschinen. Eine haben wir uns angesehen, weil Tante Veronika und natürlich Ulrich keine Ruhe ließen. Im Umkreis von vielleicht 500 m lag alles umher, sah ganz schlimm aus. Die Toten hatte man Gottseidank schon weggeholt. Die andere Maschine war abgesperrt, weil noch Sprengladung vermutet wurde. Einen der abgesprungenen Engländer haben sie hier bei Kemperfelde aufgegabelt, hat sich übrigens selbst gestellt. Ob wir nicht in Schindelberg doch noch besser säßen? Nun, es wird ja nicht bei allen Angriffen in der Nähe gerade bei uns was runterkommen. Vielleicht war es dafür ganz gut, dass die Hersteller jetzt besser verdunkeln.*

*Gestern habe ich Dir per Einschreiben Ulrichs Kleiderkarte geschickt, hoffentlich hast Du sie auch bekommen.*

*Lieber Heinz, Du schreibst, ich soll nicht böse sein, dass Du nicht so oft schreiben kannst. Das darfst Du nicht sagen. Ich weiß es doch, dass Du einfach keine Zeit zum Schreiben hast. Natürlich freue ich mich sehr, wenn ich Post von Dir bekomme. Aber das Briefeschreiben soll Dir nicht zur Last werden. Nur, wenn es dort mal wieder einen Großangriff geben sollte, dann musst Du mir sofort eine Karte schreiben. Ich schreibe Dir dafür umso mehr. Du sollst doch wenigstens alle Tage daran erinnert werden, dass Du verheiratet bist. Von mir will ich gar nicht schreiben. Umsonst schrieb ich nicht so oft. Übrigens habe ich hier in der Einsamkeit festgestellt, dass ich Dich eigentlich noch viel lieber habe, als ich das vorher schon angenommen habe. Siehst Du, zu solchen Ergüssen kommt es also, wenn man kleine Mädchen allzu lange alleine lässt. Also höchste Eisenbahn, sonst kommt es noch zu richtigen Liebesbriefen.*

*Ach ja, den Kleinen ist der Saatweizen ausgezeichnet bekommen, die futtern auf einmal wie die Scheunendrescher.*
*Bis zum Wiedersehen einen herzlichen Kuss von Deiner*

*Erna.*

Durch das gute Essen, das meine Oma immer für uns organisierte, muss ich ein rechtes Pummelchen gewesen sein. Meine Mutter erzählte, sie habe sich geschämt, weil ich so dick war und das zu dieser schlechten Zeit. Sie sprach von mir als der Dicken! Ich habe eben für noch schlechtere Zeiten vorgesorgt, konnte man's wissen?

Die in den Briefen liebevoll genannte "Dicke" hat sich dann mal gewehrt und sei es auch nur bei der Diphtherie - Impfung. Offensichtlich war sie nicht nur dick, sondern auch stark! Während die "Dicke" den Aufstand probt, ist Oma in Essen in ihrer Wohnung bzw. mehr im Bunker.

*Brief vom 11. November 1943*

*Lieber Heinz,*

*es wird heute wohl eine schlaflose Nacht geben, denn bis eben haben wir bis hierher eine ganz schlimme Schießerei gehört. Und nun muss ich immer daran denken, ob Du und alle anderen, um die man immer in Sorge ist, noch alle wohl und munter seid oder ob irgendwas passiert ist. Hoffentlich bekomme ich recht bald Post von Dir, dass ich weiß, was es gegeben hat. Oma wird ja nun auch wohl Abend für Abend in den Bunker müssen. Ich bin nun seit Dienstag bis auf weiteres in Tantes Haus und ich freue mich, den ganzen Tag mit den Kleinen zusammen sein zu können. Gestern habe ich die beiden Kleinen gegen Diphtherie impfen lassen. Angela war tapfer und hat keinen Ton gesagt, aber die Dicke hat sich nach Kräften gewehrt. In 4 Wochen, bei der zweiten Impfung, wird es wohl einen netten Tanz vorher geben. Die Impfung war hier im Dorf in der Schule.*

*Wenn ich Dir nun nicht so pünktlich alle 2 Tage schreibe, dann liegt es daran, dass ich keine rechte Ruhe dazu mehr habe, denn in der Küche ist immer Besuch oder sonstwie Betrieb, und oben im Schlafzimmer ist es zu kalt zum Stillsitzen. Mit Ulrichs Schularbeiten ist es hier auch nicht so gut bestellt. Er wird hier zu viel gestört. Den Ofen haben wir oben in dem Schlafzimmer stehen. Zwei Knie sind da, aber das lange Rohr fehlt noch. Ich will mal sehen, ob ich es nicht hier von der Schmiede bekommen kann, dann haben wir es vielleicht eher. Denn es ist jetzt so scheußlich nasskalt, dass ich gerne oben heizen möchte, damit es da ein bisschen verschlagen wird. Ich werde nun doch heute Abend nicht richtig fertig mit diesem Brief. Sie sind nämlich wegen der Schießerei so aufgemuntert und noch keiner ist zu Bett gegangen wie sonst, so dass ich dauernd unterbrochen werde. Damit aber der Brief morgen früh mit wegkommt, mache ich jetzt Schluss und schreibe Dir am nächsten ruhigen Abend mehr. Schreibe mir nur eine kurze Karte, wie es Dir geht, zum Briefeschreiben wirst Du ja kaum kommen und Schlaf sollst Du Dir auf keinen Fall abziehen. Ich wünsche Dir nun heute alles*

*Gute, und hoffentlich sehen wir uns bald wieder. Einen herzlichen Gutenachtkuss und viele Grüße von Deiner*

*Erna.*

*Ich schicke Dir morgen von Beverungen aus noch die Milchkarte zu. Hoffentlich kommt sie richtig und früh genug an. Deine E.*


## Heimweh

Im nächsten Brief erwartet meine Mutter sehnlichst Oma wieder und ängstigt sich wegen der Flugverbände, die über die Weser ziehen;, sie ist zur Flucht bereit. Aber noch größere Sorgen macht sie sich um ihr Zuhause, um Oma und Verwandte in Essen.

*Brief vom 23. November 1943*

*Lieber Heinz,*

*Du bist mir sicher ganz böse, dass ich so selten an Dich schreibe, aber ich sagte Dir ja schon, dass ich hier überhaupt nicht mehr ungestört bin und oben die Beleuchtung zu schlecht ist zum Schreiben. Ich bin, trotzdem ich mich dann von den Kleinen trennen muss, froh, wenn ich wieder bei Dachs bin, damit ich alle Abende mal wieder ein Stündchen mit Dir allein sein kann. Wenn auch nur in der Weise, dass ich dir schreibe. Ich habe seit Deinem letzten Hiersein schreckliches Heimweh nach Dir und überhaupt nach zu Hause.*

*Heute hatte ich die Oma erwartet, aber umsonst. Sie war heute genau 14 Tage weg und hat überhaupt noch nicht geschrieben, nur von Else kam eine knappe Nachricht, dass sie angekommen war. Ich bin bald in Sorge, ob da was passiert sein kann. Wenn Oma nicht bald wieder-kommt, werde ich auch mit meinen Nikolausvorbereitun-*

*gen nicht mehr fertig. Denn hier kann ich ja nichts machen, keine Nähmaschine und keine Ruhe. Und dann sind alle Sachen, die man braucht, bei Dachs. Ich habe es schon versucht, sie hierher zu holen, um hier schon anzufangen, aber das eine oder andere Teil wird dann doch wieder vergessen. Und da habe ich die Lust verloren und aufgehört.*

*Gestern, als sie nach Berlin flogen, habe ich wieder Angst gehabt und meine Sachen oben fluchtbereit zurechtgelegt. Das Überfliegen dauerte bald eine ¾ Stunde. Und weiter weg war eine tolle Schießerei. Wenn man nur immer gleich wüsste, ob zu Hause alles in Ordnung geblieben ist. Die Folge ist immer eine schlaflose Nacht. Ich will ja damit auch zufrieden sein und es gar nicht schlimmer haben, wenn ich nur Dich und alle anderen in Sicherheit wüsste. Max ist wohl wieder weg? Hoffentlich kommt er bald gesund wieder. Ich möchte ihm gern auch ein Päckchen schicken. Hast Du eine Marke? Wenn nicht, kannst Du wohl gleich mal an Lotte schreiben, dass sie mir eine schickt? Die Päckchen müssen bis 30.11. aufgegeben sein. Schreibe doch auch bitte Lottes Anschrift, damit ich ihr auch mal schreiben kann.*

*Dann fehlt mir noch ein Backrezept. Sieh doch bitte mal im Küchenschrank nach, auf der Waage hatte ich es immer liegen, weil ich es öfter mal gebraucht hatte. Es ist ein mit Maschinenschrift geschriebenes vervielfältigtes Backrezept für Spekulatius und Honignüsse. Wenn Du es findest, schicke es mir in Deinem nächsten Brief mit, ja?*

*Von unserem Alfred weiß ich auch nichts, ob er in Urlaub ist oder nicht. Weißt Du was davon? ---Sie brummen nun schon wieder draußen herum wie verrückt. Ich möchte ja wünschen, dass es Deutsche sind, aber dafür sind es zu viele.*

*Ulrich, Angela und Mechthild halten ihre abendliche Turnstunde oder Boxübung, wie man es nennen will, jetzt mit Onkel Jules ab. Der arme Kerl kann sich bald nicht retten und wird in seiner Ecke immer jämmerlich zusammengehauen. Dabei gibt es jedes Mal ein Indianergebrüll. Robert hat ‚nen Hexenschuss und kriecht hier rum und wird dabei auch noch ausgelacht wegen seines bedröppelten Gesichts. Die Dicke will, ich soll wieder nach Dachs gehen, damit sie mich besuchen kann und jedes Mal ein Stück Kuchen kriegt. Ulrich wird langsam aufgeregt, weil er seinen Brief an den Nikolaus in dem Trubel hier immer noch nicht fertig gekriegt hat und auch noch keinen Zucker bei Dachs auf die Fensterbank gelegt hat. Das muss nun alles in der nächsten Woche noch geschafft werden. Hoffentlich bleibt es nun auch bei Deinem Besuch am 5. Dezember. Sonst macht mir doch alles keinen Spaß mehr. Für heute einen herzlichen lieben Kuss von Deinen drei Kleinen, besonders liebe Grüße und einen herzlichen Kuss von Deiner*

*Erna.*

# 1944

## Winter 1943/44

Nach einem Besuch von meinem Vater zu Nikolaus liegen bis Februar 1944 keine weiteren Briefe vor. Seltsamerweise kann ich mich an kein Weihnachtsfest erinnern. Wohl an eine Puppe vom Christkind. Die hatte Sägemehl im Körper, Armen und Beinen und auch im Kopf (na, wenigstens kein Stroh). Sie hatte ein hübsches, aufgesticktes Gesichtchen. Ich habe sie heiß und innig geliebt und bitterlich geweint, als das Christkind nach dem Krieg meiner Puppe den Kopf in Porzellan mit Klappaugen tauschte.

Am Ende des Dorfes stieg die Dorfstraße an, lief auf der einen Seite an den hohen Klippen entlang, in denen sich der Felsenbunker, auch Eiskeller genannt, befand. Auf der anderen rechten Seite ging es eine steile Böschung zu den Wiesen an der Weser hinunter. Nach einer großen Linkskurve, um die Klippen herum, erreichte man die Siedlung. In der Kurve lag auf der Weserseite ein weißes Haus, der Kurvenjäger. Danach stand ein großer mit roten Ziegelsteinen gemauerter Torbogen, die Einfahrt zum Gutshof Kemperfeld.

Von der linken Straßenseite zweigten der Deißelweg und die Straße in die Siedlung ab. Folgte man dem langen Dießelweg, traf man, umgeben von Feldern und Wiesen, auf das zweite große Gut, den Hasselhof. Hinter der Siedlung stieg das Gelände stark an. Das war der Rotsberg. Im Winter ein Paradies zum Schlittenfahren.

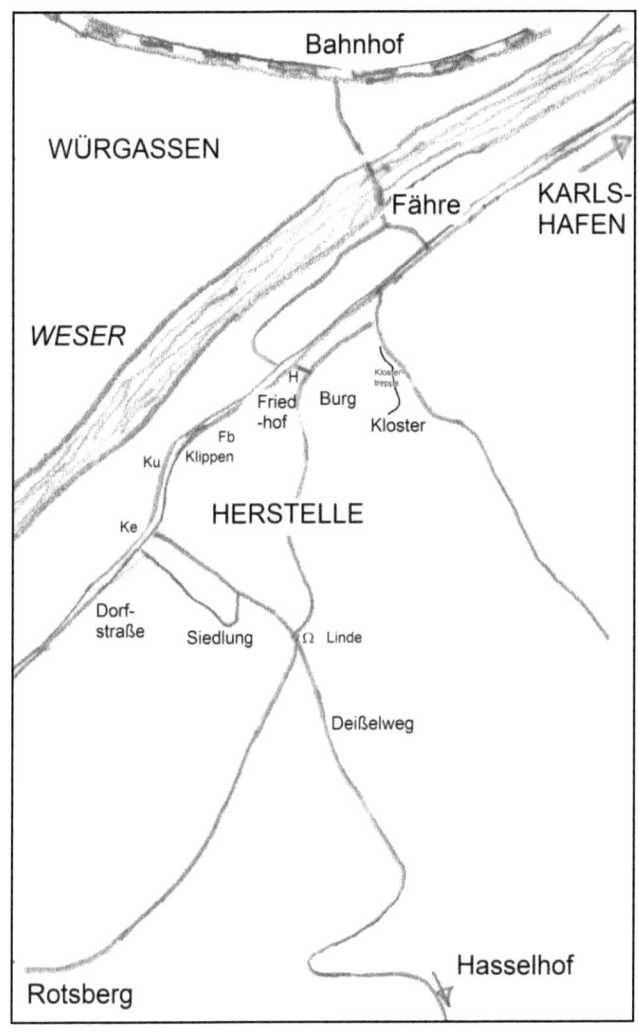

Hersteller Dorfkarte (mit alten Straßennamen);
Fb:= Felsenbunker; H:= Hof; Ke:= Kemperfeld; Ku:= Kurvenjäger; nicht maßstabsgerecht

Anfang Februar hat meine Mutter Geburtstag. Ulrich übernimmt Papas Gratulation, und ich Angelas Gedicht.

*Brief vom 11. Februar 1944*

*Lieber Heinz,*

*Dein Päckchen mit Deinem lieben Geburtstagsbrief kam pünktlich an, und ich habe mich sehr gefreut. Für die Glückwünsche und das Buch danke ich Dir recht herzlich. Wenn du jetzt kommst, kriegst Du auch einen festen Kuss dafür. Ulrich hat mich am 9. zweimal in den Arm genommen, einmal für den Papa, weil der doch nicht da ist. Oma hatte Angela ein Gedichtchen beigebracht zum Geburtstag, und als sie es aufsagen sollte, konnte Mechthild es besser als sie.*

*Kennst Du übrigens "Appelkacken"? Stammt natürlich auch von Mechthild. Auflösung am Schluss. Und da ich jetzt gerade bei den Trabanten bin, will ich von Ulrich auch noch was erzählen. Er kam heute selig und mit roten Backen vom Rodeln nach Hause und hatte natürlich nicht für 2 Pfennig Lust zum Schularbeiten-machen. Zwischen 2 Seufzern meinte er, er möchte mal Lehrer sein und dann müsste Frau Riemenschneider zu ihm in die Schule kommen, dann kriegte die immer so was Schweres auf, dass sie es nicht könnte. Seine Lehrerin hatte übrigens auch mehrere Tage wegen Hexenschuss gefehlt und sie hatten sie heute zum ersten Mal wieder. Die anderen Lehrer seien viel lieber, sagte er. Ich glaube, ich habe früher auch schon mal solch fromme Wünsche gehabt.*

*Den 9. haben wir bei mir mit Kaffee und Kuchen gefeiert und haben uns den Papa herbeigewünscht. Das schönste Geschenk aber war für mich, dass ich den ganzen Tag fast gar keine Rückenschmerzen hatte, trotzdem es nas-*

ses Wetter war. Schneetreiben und Tauwetter. Abends habe ich dann ein Stündchen in dem neuen Buch gelesen. Es scheint ganz schön zu sein. Gestern Abend sollte nun dieser Brief schon geschrieben werden. Ich hatte den ganzen Tag an der Nähmaschine gesessen (weil ich doch dachte, ich wäre wieder gesund), aber da gab es abends in meinem Rücken .... nun ja, es gab auch Alarm, sagen wir, noch Voralarm, und da bin ich schleunigst mit dem Heizkissen ins Bett gekrochen. Heute ist es wieder fast in Ordnung. Ich muss also mit der Näherei ein bisschen vorsichtiger anfangen und habe mal erst wieder alles auf die Seite gepackt bis nächste Woche. Heute früh hat es tüchtig gefroren und dann nachher feste geschneit. Es ist wieder richtig Winter geworden. Auf der Rodelwiese am Rotsberg war Hochbetrieb. Ulrich ist natürlich mittenzwischen. Schreib mir mal, welche Postleitzahl für Lena und Margarete in Frage kommen.

Viele liebe Grüße und einen herzlichen Gute-Nacht-Kuss von Deiner Erna.

„Appelkacken" heißt übrigens „Achselklappen"! (Hätte ich bald vergessen.)


Im Wohnhaus auf dem Hof gab es im Erdgeschoss keine Toilette. Darum mussten wir immer durch den Hausflur, die Treppe hinauf, einen langen Gang entlang, dann waren wir am Ziel - einem Plumpsklo. Dieses befand sich praktischerweise direkt oberhalb der Miste. Nun liefen wir Mädchen grundsätzlich sehr spät los, um dieses Örtchen aufzusuchen. Mit viel Gejammer und Gezeter rannten wir durchs Haus, erklommen die Stiege, schafften den Gang, dann wurde es ruhig. Nach einer Weile fingen wir lauthals an zu singen, sobald wir oben saßen! In der Küche hörte man unser Gejaule immer und horchte gespannt auf das

Meine Mutter, wir drei Kinder

erlösende Gesinge! Gott sei Dank, wieder alles gut gegangen! Hinter der Miste, auf der Grenze zum Nachbarn,
führte ein schmaler steiler Pfad, die Zwiete, durch die Klippen hinauf auf den oberen Weg zur Burg, zum Kloster und
zum Friedhof. Im Nachbarhaus wohnte Fred, ein etwas
älterer Junge, der, wenn er unseren Gesang vom Klo hörte, Tomaten und andere Wurfgeschosse von eben dieser
Zwiete in das geöffnete Klofenster zu werfen versuchte.
Wie oft er traf, wurde nicht überliefert!

Von diesen Episoden der lieben Kleinen berichtet meine
Mutter u.a. im nachfolgenden Brief.

*Brief vom 23./24. Februar 1944*

*Lieber Heinz,*

*gerade habe ich meine Füße in ein Efeubad gesteckt, um
den Frost herauszutreiben. Und da ich doch festgenagelt*

38

*sitze, will ich Dir ein bisschen von uns erzählen und Dir die Langeweile für kurze Zeit vertreiben. Meinen Brief von Beverungen hast Du ja wohl schon bekommen? Übrigens habe ich zwei Kinderstühlchen in Lauenförde bekommen wie die, die wir schon hatten, gelb lackiert. Für mich habe ich einen Blumenpott mit vier Tulpen erwischt, über die ich mich freute und außerdem habe ich noch zwei Stoffe für'n Sporthemd für Ulrich und Blüschen für die Mädchen gekriegt. Ich bin also mit Blumentopf, Handtasche, Kinderstühlchen und Hexenschuss auf dem Glatteis zum Bahnhof balanciert, bin aber glücklich mit allem nach Hause gekommen.*

*Das Heizkissen habe ich jetzt wieder und fühle mich damit in meinem Bett entschieden wohler. Tante steht jetzt tagsüber schon auf. Heute Morgen waren Ulrich und ich zum Zahnarzt nach Karlshafen. Es war ein herrlicher Tag, aber kalt, kalt. Ich glaube, dass es heute wohl der kälteste Tag in diesem Winter war. Ulrich ist mit seinen Zähnen jetzt fertig, ich muss noch mal hin.*

*24. Februar*

*Nun ist es doch wieder einen Tag später geworden. Heute Mittag vor 1 Uhr hat uns eine Unmenge Flieger überflogen. Im Radio wurde bekanntgegeben, der Angriff scheine der Gauhauptstadt zu gelten, es seien schon Bomben gefallen. Nun weiß hier keiner, von wo die Benachrichtigung erfolgt bzw., welche Gauhauptstadt gemeint ist. Draußen brummen sie schon wieder vorbei. Ihr werdet da ja aus dem Bunker wohl kaum noch herauskommen. Ich denke, wenn es abends hier losgeht, immer zuerst an Dich, weil ich ja der Kinder und meinetwegen nicht so sehr beunruhigt sein brauche. Vielleicht geht es ja auch öfter seitlich bei Euch vorbei, wenn sie Mitteldeutschland anfliegen.*

*Heute habe ich 2 Ztr. Briketts geholt. Von Tante ab hat Robert die Nora vorgespannt und hat mir die Ladung auch in den Keller gebracht für 'nen Schnaps. Sage mal, hast Du vielleicht das Glas mit Pelikanol wieder mitgenommen? Ich habe bei mir alles auf den Kopf gestellt und es nicht gefunden. Auch hast Du Sonntag von Ölsardinen gesprochen, die Du mitgebracht hattest, die sind auch nicht zu finden, oder habe ich da was geträumt?*

*Was macht Kitzbühel oder wie das Ding heißt? Ich gönne es Dir von Herzen, wenn es klappen sollte.*

*Von den beiden Lütten einen ganz großen unanständigen Witz muss ich Dir noch schreiben. Also die beiden werden von der Oma erwischt, wie sie in der Backstube in einer Ecke über einer leeren Leberwurstdose ihr eiliges Geschäftchen erledigen. Natürlich Standpauke, zweistimmiges Gebrüll und die Dicke (natürlich) schreit entrüstet: "Meinste, ich könnte immer erst nach oben rennen, wenn ich es eilig habe." Ich habe Bauchweh gehabt vor Lachen, Oma war ja entsetzt, aber ich konnte nicht anders. Angela behauptet, die Idee wäre von der Mechthild und ich glaub es ihr ohne weiteres. Auf wen kommt die nun? Hast Du vielleicht schon mal ein Privatklosett gehabt?*

*Das Gebrumme draußen hat nun aufgehört und ich will in die Heia gehen. Ich möchte Dir gern einen dicken Gutenachtkuss geben ... .so geht es nur in Gedanken. Ich grüße Dich herzlich, behalte lieb Deine*

*Erna.*

Im nächsten Brief überrascht mich meine Mutter, dass sie so großzügig meinen Vater zum Skifahren nach Kitzbühel fahren lässt. Also, ich wäre wütend gewesen! Warum verbringt er seinen Urlaub nicht bei seiner Frau und den lieben Kinderchen? Und nebenbei, meine Mutter ist damals nie in Kitzbühel gewesen, weder im Sommer noch im Winter, erst in den 1960er Jahren.

*Brief vom 28. Februar 1944*

*Lieber Heinz,*

*Deine beiden Briefe vom Dienstag und Samstag habe ich bekommen, herzlichen Dank. Also nun steckst Du im tiefen Schnee und Winterfreuden. Hier oben bei Langental soll der Schnee kniehoch liegen, hätte ich nur ein Paar Bretter... Na ja, vielleicht komme ich auch noch mal nach Kitzbühel, ehe meine Knochen zu alt sind. Und ob ich Dir böse bin? Warum denn? Im Gegenteil, ich gönne Dir diese 14 Tage von Herzen, wie ich Dir ja schon schrieb. (Aber mein letzter Brief wird wohl zu Hause liegen und 14 Tage auf Dich warten müssen, oder wird Dir die Post nachgeschickt?) Ich sagte Dir ja auch schon, dass es möglicherweise später wieder Urlaubssperre gibt und darum solltest Du jetzt ruhig diese Gelegenheit, die Dir doch so leicht nicht wieder geboten wird, ergreifen. Ich beneide Dich übrigens entschieden mehr als S.. Diese Nachricht vom bevorstehenden freudigen Ereignis hatte bei mir nicht so sehr eingeschlagen, denn nach dem erstem Brief, den Du mir letztens mitschicktest, hatte ich bereits so eine Ahnung. Ich will nun für S. mal beide Daumen halten, dass alles gut geht. Dass die beiden aus solchem Geschehen ja immer ein großes Geheimnis machen, sind wir ja gewohnt.*

*Mechthilds Namenstag hast Du bei Deinem Reisefieber ganz verschwitzt, wir haben ihn gestern gefeiert. Ein neues Schürzchen und die Kinderstühlchen für beide waren die Namenstagsgeschenke. Von Gerd wollte die Dicke sich nicht gratulieren lassen. „Mit Dir spreche ich überhaupt nicht, weil Du uns immer ärgerst", sagt sie am ver-*

*sammelten Mittagstisch zu ihm. Oma kriegt 'nen roten Kopf vor Verlegenheit, Tante auch, die anderen grinsen. Schließlich hat sie aber Gerd die Hand gegeben und die Situation gerettet.*

*Heute haben wir einen Handwagen voll Anmachholz aus dem Straßengraben zusammengesucht, abgehauene Zweige von den Obstbäumen. Ich hatte kein Stück Holz mehr. In den Wald zum Tannenäpfel holen können wir noch nicht, weil es noch zu nass ist. Ich hatte mich jetzt noch mal an die Gemeinde gewandt wegen Holz. Es wird jetzt was geschlagen, wenn ich nun wieder nichts zugeteilt kriege, wende ich mich an die N. S. V. Samstag kriegten wir von der N. S. V. zwei Dosen Gemüse und eine Packung Lebkuchen zugeteilt. Ich habe es auch angenommen, weil es doch gar kein Gemüse sonst gibt.*

*Die Seifenkarte für Fewa verwahre ich Dir. Von Körbecke schrieb Hermann eine Karte. Dort ist auch alles krank und liegt zu Bett. Ulrich behauptet, der Bleistift wäre zu glitschig und rutscht von selber immer über die Linien. Also der Bleistift diesmal. Sonst alles in Ordnung. Ich wünsche Dir nun schöne Tage mit viel Freude und ohne Schi -Salat. Denke nicht mehr an das Werk, sondern desto mehr an uns und empfange für heute herzliche Grüße und einen festen Kuss von Deiner*

*Erna.*

## Bomben im Ruhrgebiet – Großeltern ausgebombt (Frühjahr 1944)

Nach dem Skiurlaub meines Vaters trafen böse Nachrichten ein. Meine Großeltern waren zum 2. Male ausgebombt und Tante Hilde, die Schwägerin meiner Mutter aus Essen, war ausgebrannt. Sie lebte später auch mit ihrem Sohn Klaus bei uns an der Weser.

*Brief vom 30. März 1944*

*Lieber Heinz,*

*Gott sei Dank erhielt ich heute Deine Nachricht vom 27.03. Die schreckliche Ungewissheit bin ich nun los, aber für das Unglück Deiner armen Eltern, die es nun zum zweiten Male trifft, finde ich keine Worte. Wir wollen Gott aber danken, dass sie gesund geblieben und dass unsere Wohnung noch heil geblieben ist, damit sie dort eine Zuflucht finden konnten. Ihre Gemütsverfassung aber kann ich mir vorstellen, nachdem sie nun zum zweiten Mal aus der Wohnung, die ihnen inzwischen heimisch geworden war, heraus mussten. Ich wünsche nur, dass sie sich, wenn sie sich wieder etwas gefasst haben, bei uns recht heimisch fühlen möchten, soweit das in der kahlen Wohnung möglich ist. Die Fremden werden doch nun wohl heraus müssen? Hoffentlich gibt es da keine Schwierigkeiten. Haben denn Deine Eltern von ihren Sachen etwas retten können? Und Max und Familie, mein Gott, was werden sie sagen, wenn sie die Unglücksnachricht bekommen? Hätte doch Max sich damals anders entschlossen!*

*Auch Alfred und Hilde hat es diesmal getroffen. Hilde hat nur noch ihre Handtasche und das, was sie auf dem Leibe trug. Auch ihre Koffer im Keller sind mitverbrannt. Auch diese Möbel hätten hier sein können. Oma weinte den ganzen Tag und auch mir sitzt ein dicker Kloß im Hals, aber der Kinder wegen, die uns ganz verstört ansehen, muss ich mich zusammennehmen. Wenn man doch nur irgendwie helfen könnte. Mit dem Bemitleiden ist ja keinem geholfen. Ich hoffe sehr, dass Du Sonntag kommen kannst, oder willst Du die Eltern nicht alleine lassen?*

*Wenn Du kommst, bringe auch bitte die beiden F1-Abschnitte der Fettkarten wieder mit, wenn Du keinen Honig bekommen hast. Hier ist heute wegen Honig auf F1 ausgeschellt worden. (Für Kinder unter 6 Jahren also.) Grüße Deine Eltern recht herzlich von mir. Es tut mir so leid, dass ich nicht zu Hause sein kann, um es ihnen ein bisschen gemütlich machen zu können.*

*Ich habe großes Heimweh nach Dir, Heinz. Bis zum Wiedersehen grüßt und küsst Dich herzlich*

*Erna*

*Omas Wohnung hat nur die üblichen Luftdruckschäden. Elses Brief mit all den bösen Nachrichten kam auch erst heute an.*

Zwischen Ende März und Mitte Mai muss mein Vater mit Tante Hilde zwecks Wohnungssuche bei uns gewesen sein und zusammen mit ihr die Rückfahrt angetreten haben.

*Brief vom 18. Mai 1944*

*Lieber Heinz,*

*seit 3 Tagen bist Du schon wieder weg und ich zähle jetzt wieder die Tage bis Pfingsten. Hoffentlich kommt nichts dazwischen. Sonst wären es auch für uns nur halbe Feiertage. Hat die Rückfahrt geklappt? Na, mit Karl May und Hilde war sie ja wohl nicht allzu langweilig? Wir haben heute einen Himmelfahrtsausflug auf den Rotsberg gemacht, habe wieder neue Wege entdeckt, die ich Dich in den Ferien führen muss. Ich habe mit Oma getauscht. Oma hat Klaus nach dort genommen und ich habe unsere drei alle mal wieder bei mir. (Natürlich nur für die Zeit, die Hilde fort ist.) Es geht doch nichts darüber, sie alle drei um sich zu haben, sie sind doch eine drollige Gesellschaft. Schade, dass wir nicht dauernd zusammen bleiben können.*

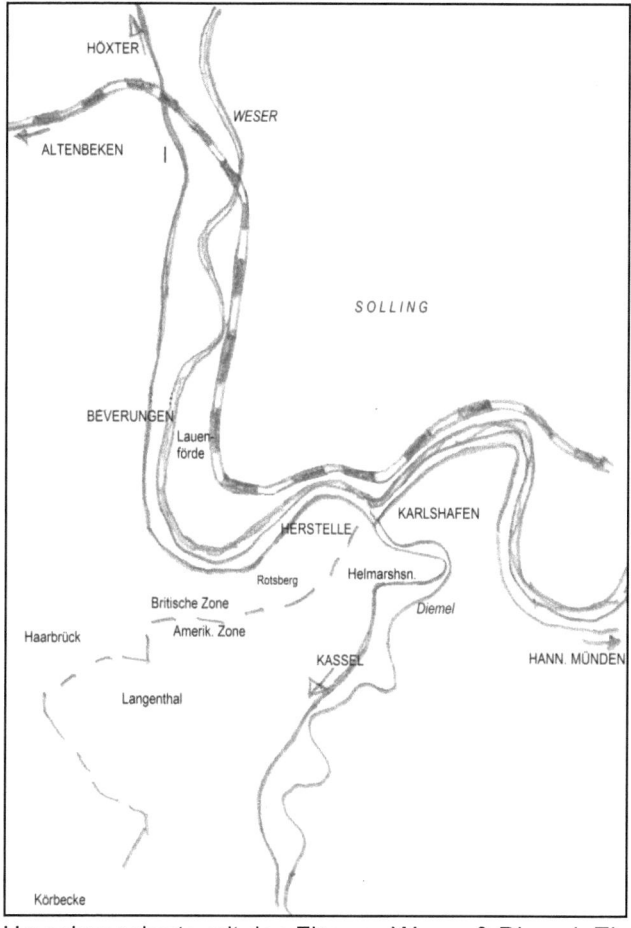

Umgebungskarte mit den Flüssen Weser & Diemel, Eisenbahn, Straßen; nicht maßstabsgerecht

*Mit Pflanzen hatte ich mich also auf Tante und Mia in Beverungen verlassen und bin verlassen, ich habe kein Stück mitbekommen. Frau Dachs will mir zwar von allen was abgeben, aber wenn es damit auch so geht..... Schicke mir also nur alles zu, was Du bekommst und nicht selber gebrauchst. ---Schreib mir auch noch, ob es dabei bleibt, dass Du Pfingsten ein Kaninchen mitbringst, damit ich nicht unnötig Fleisch kaufe, sondern lieber Wurst. Nach dem Deckel von dem Kessel zu fragen, habe ich bis jetzt vergessen. Ich fahre morgen früh erst bei Oma vorbei und schreibe es noch drunter. Der Brief soll auf jeden Fall morgen früh noch mit weg. Ulrichs Herzensgruß liegt auch bei. Von mir nun auch einen festen Kuss und viele liebe Grüße. Deine Erna.*

*Heinz, der Deckel ist also hier, brauchst also keinen neuen machen zu lassen. Herzlichst Deine Erna.*


Weitere schlechte Nachrichten folgen im nächsten Brief. Oma hatte mit Tante Else (Schwester meiner Mutter) in Essen eine Wohnung, die nach einem Bombenangriff doch "hin" war, also zerstört, entgegen vorheriger anderer Informationen. Oma selbst war ja bei uns und Tante Else, samt restlicher Möbel, kroch bei Verwandten in Hattingen unter.

Und meine Mutter macht sich immer wieder große Sorgen um zu Hause, die Gesundheit der Lieben, ihr Wohlergehen.

*Brief vom 22. Mai 1944*

*Lieber Heinz,*

*eben komm ich von Tante, es ist schon spät, 10 Uhr, aber diesen Brief will ich doch noch erst schreiben. Sonst meinst Du noch, ich hätte Dich ganz vergessen. Heute ist*

46

*Else gekommen und da haben wir uns bis jetzt noch was erzählt. Also, Omas Wohnung Münchnerstraße ist doch hin. Du hattest schon recht, als Du sagtest, damit stimmt etwas nicht. Es ist aber alles - teils mehr, teils weniger beschädigt - rausgeschafft worden. Else hat am anderen Tag alles von der Straße weg mit einem Lastwagen nach Hattingen geschafft. So, das wäre das, was mich heute Abend am meisten beeindruckt hatte. Oma hat es ziemlich ruhig aufgenommen, aber man merkt ihr ja nie so was an, wenn ihr irgendwas nahegeht.*

*Deine Karte kam gestern an, herzlichen Dank. Meinen und Ulrichs Brief hast Du sicher auch bekommen? Von Deinem Werk kriegte ich Bescheid, dass am 15.5. die Kiste per Eilgut abgegangen sei, sie ist bis heute aber noch nicht hier. Hoffentlich geht's gut damit. - Der Wehrmachtsbericht nannte wieder Duisburg. Hat zu Hause alles gut gegangen? Wenn ich nur immer gleich Nachricht haben könnte, dass Du gesund geblieben bist! Aber bei der heutigen Postverbindung ist das ja unmöglich. So muss ich mich eben gedulden. Else sagte, dass Urlaubs- und Reisesperre bestände, aber nur für die Behörden, glaube ich. Aber für Deine Pfingstreise nach hier kommt das doch nicht in Frage? Ich wäre ganz unglücklich. Ich mag es mir gar nicht vorstellen, wie es wäre, wenn Du Soldat wärest und könntest nur jedes Jahr für ganz kurze Zeit bei mir sein. Und dann müsste ich Dich wieder fortlassen in die Hölle, wie es Max und Lotte geht. Da haben wir es doch viel, viel besser. Gott sei Dank, und ich will auch ganz zufrieden sein. Ja, Heinz, es war schön bei Deinem letzten Hiersein und es soll immer so schön sein, wenn Du kommst.*

*Nun noch mal was anderes, Rhabarber habe ich diese Woche nicht bekommen. Kannst mir also welchen schicken, ev. 20 - 30 Pfund, für Saft und Marmelade. Pflanzen bringe ebenfalls alles mit, was Du bekommen kannst, besonders Blumenkohl.*

*Den Kindern geht es gut. Mechthild freut sich besonders, wenn der Papa kommt (die kleine Schmusekatze).*

*Wir schicken Dir alle viele liebe Grüße und Küsschen. Am allermeisten freut sich aber auf' s Wiedersehen*

*Deine Erna.*


## Sommer (1944) und Gartenarbeiten – Landung der Alliierten in der Normandie

*Brief vom 01. Juni 1944*

*Lieber Heinz.*

*heute kam schon Deine Karte von Dienstag an. Es ist lieb von Dir, dass Du mir immer sofort schreibst, wenn Du nach Hause kommst. Dann bin ich beruhigt. Schade, dass die Feiertage so schnell herum waren. Freust Du Dich auch so auf Deine Ferien wie ich? Und dann schönes Wetter haben wie vergangene Tage! Heute hat es die ersehnte Abkühlung gegeben. Gestern waren wir alle in der Weser. Ulrich geht bis zum Bauch rein, dann ist es aus, und wehe, wenn ihm einer 'nen Tropfen auf die Schultern oder den Kopf spritzt. Angela ist auch sehr vorsichtig. Nur die Dicke zittert ordentlich vor Begierde, tiefer rein zu kommen, mit der schwimme ich nächstens durch die Weser. Ich hatte es nach 7jähriger Pause auch mal wieder versucht. Der Dreck trieb mich aber raus, ekelhaft. Nur zwischen den Schlachten war's sauber, und da ist es zu flach zum Schwimmen. Hinterher hatte ich starkes Herzklopfen. Also auch vorsichtig wieder anfangen oder schon "altes Eisen". Mechthild legte sich nachher, wo sie* gerade ging und stand, platt auf den Boden und zeigte jedem, wie sie „gefrimmt" („geschwommen" auf Deutsch) hatte. Zwischendurch kriegten wir Fliegerbesuch und hörten starke Detonationen. Heute hörten wir, dass es Gesecke erwischt hat. Bahnhof und der halbe Ort sollen weg sein.

Gestern kriegte ich Bescheid über Räumungs-Familien-Unterhalt. 129,00 RM monatlich ab 1.1.44. Ich kriege also allerhand nachgezahlt. Sie wollen aber noch eine Verdienstbescheinigung von Dir. Ich habe wohl eine von Dir vom 11.1.44, die ich vorgelegt und zurückverlangt hatte, weil Du auf der Rückseite so allerhand Notizen gemacht hattest. Schicke mir bitte eine neue, ja? Die eine lautete über 650,00 abzüglich Abzüge 66,12 = 583,88 RM. Mit den obigen 129 RM sind wir zufrieden, ja?

Montag und Dienstag haben Frau Dachs und ich unter strömendem Schweiß gehausputzt. Gestern und heute bei Tante gewaschen. Morgen Gartenarbeit, und damit ist schon wieder eine Woche rum. Hast Du die Kaninchenkeule nicht vermisst? Ich hatte sie ganz und gar vergessen Dir einzupacken. Nun habe ich sie eingekocht und Du kriegst sie das nächst Mal. Also schimpfe nicht. Draußen geht ein Gewitter los. Hoffentlich kracht es nicht so doll, damit ich schlafen kann, ich bin nämlich rechtschaffen müde. Die große Wäsche zu Hause ist doch ein Kinderspiel gegen hier. Aber ich gehe nicht tot daran.

Heute kriegte ich von Frau Schnorr drei dicke prachtvolle Salatköpfe. Einen haben wir schon verputzt, lecker. -Der Flieder ist nun auch verblüht. Was blüht jetzt bei Dir im Garten? Die Lupinen und die Margeriten? Der Steingarten ist sicher schön bunt. -- Nun kracht es aber ganz anständig draußen. Gerade ging das Licht aus und ich schreibe bei Kerzenlicht zu Ende. Viele liebe Grüße, und in Gedan-

*ken nehm' ich Dich fest um den Hals und küss Dich herzlich. Deine*

*Erna.*

*Erwischt Du mal einen Fliegenfänger?*

Die Radiomeldungen im nächsten Brief betreffen sicher den Beginn der Landung der Westalliierten in der Normandie am 6.6.44. Dort war wohl Onkel Alfred stationiert.

*Brief vom 06.06.1944*

*Lieber Heinz,*

*heute habe ich die beiden Pakete von Würgassen abgeholt. Morgen geht' s gleich los mit dem Verarbeiten . Es ist auch gut, dass ich tüchtig arbeite, dann kann man nicht so viel denken. Die Radiomeldungen sind aufregend genug. Oma und Hilde liefen heute mit weißen Gesichtern herum, und auch ich muss ununterbrochen an Alfred denken. Und kann nichts anderes tun als für ihn beten. Wir müssen uns nun erst daran gewöhnen, ihn an vorderster Front zu wissen. Andere sind schon jahrelang dort. Zu Hause ist doch noch alles ruhig? Wenn Du diesen Brief bekommst, wissen wir schon wieder etwas mehr. Hoffentlich schenkt Gott uns ein glückliches Wiedersehen und in nicht zu langer Zeit. Sind Deine Ferien nun wohl auch in Frage gestellt? Das würde mir, auch besonders Deinethalben, sehr leid tun.*

*Gestern glaubte ich, ich kriegte die Grippe, hatte Kopf-, Hals- und Gliederschmerzen. Ich habe gleich alles Mögliche angestellt: Chinintabletten, Halswickel, Gurgeln, Schnaps, Bettruhe. Und mit Erfolg, heute ging es schon viel besser. Nun musste ich leider heut Nachmittag nach Beverungen. Es waren nämlich endlich die Apfelsinen ausgeschellt worden. Pro Kopf 1 Pfund, auch für Erwach-*

*sene. Bei der Rückfahrt habe ich mir dann in Würgassen die Pakete abgeholt. Zufällig waren Dachs' mit dem Handwagen an der Fähre und da brauchte ich sie also nicht weiter zu schleppen. Ulrich war mit nach Beverungen. Er sei tüchtig müde, sagte er und wollte ins Bett. Ich war sprachlos. Als ich ihn dann auszog, entdeckte ich bei ihm die ersten Windpocken. Die wird er ja auch in einigen Tagen überstanden haben.*

*Im Garten wächst es langsam, es ist wieder zu kalt geworden. Und es könnte auch wieder aufhören zu regnen. Besonders wegen der Bohnen. Aber das sind alles so kleine Sorgen; wer weiß, ob wir zum Ernten kommen. Hat Max schon mal wieder geschrieben seit seinem Urlaub?*

*Du, ich denke nun noch viel öfter an Dich. Könnten wir doch gerade jetzt, wo die Zeit noch ernster wird, beieinander sein. Aber wegen der Kinder kann es ja nicht sein. Gehst Du Sonntag mit zur hl. Kommunion? Ich auch. Wir wollen dann zusammen und füreinander beten. Nun wünsche ich Dir alles Gute, in Gedanken nehme ich Dich in den Arm und küsse Dich herzlich, mein lieber Heinz. Mit vielen lieben Grüßen Deine*

*Erna.*

*Das Päckchen hat Herr F. Dir ja gegeben?*

Arbeitskollegen und auch der Chef meines Vaters hatten ihre Familien ebenfalls im Dorfe einquartiert. Besuchte einer die Familien, so wurden Briefe und allerhand Sachen auch für die anderen mit hin und her gegeben bzw. gebracht. Die Namen sind abgekürzt und betreffen diese Postillions d'Amour.

*Brief vom 12. Juni 1944*

*Lieber Heinz,*

*Dein Brief vom 6.6. kam heute hier an. Dank Dir schön. Inzwischen hast Du meinen und später Ulrichs Brief auch wohl bekommen.*

*Mein dicker Daumen ist auch etwas dünner geworden, und ich kann wenigstens den Halter wieder fassen, wenn's auch noch'n bisschen schlecht geht. Ich hatte daran eine kleine Entzündung, und beim Rhabarbereinmachen ist von der Säure oder auch Schmutz reingekommen, und es hat dann anständig geeitert. Nun wird es aber wohl besser. Ulrichs und Mechthilds Steinpocken verschwinden auch langsam, so dass bald wieder alles in Ordnung ist.*

*Der Rhabarber war prima, besonders die dicken Stangen fein saftig. Ich habe ungefähr 10 L Saft, 10 Pfund Marmelade und den Rest als Kompott eingekocht Gut, dass ich den Kessel jetzt hier habe. Bringe mir bitte aus dem Küchenschrank die Ringe und lose Klammern mit, liegen im Karton ohne Deckel auf dem zweituntersten Brett links (da lagen sie wenigstens zuletzt noch).*

*Im Garten war ich seit 8 Tagen nicht mehr. Der Weg von der Straße rauf war mehr Bach als Weg und im Garten selbst das reinste Schlammbad. Heute hat es nun tatsächlich mal nicht geregnet. Morgen ist es dann wohl möglich im Garten zu arbeiten. Salat kriege ich jetzt schon mal öfter. Spinat auch. Die schlimmste Zeit ist wohl vorbei. Ich möchte zu gerne unseren Garten zu Hause jetzt mal sehen, in Blüten und Knospen. Der Rosenbogen ist nun auch da? Hast all die kleinen Topfpflanzen, Elefantenzungen usw. auch wieder auf die Terrasse in die schattige Ecke gestellt? Da standen sie ja voriges Jahr sehr gut und Du kannst sie einfacher gießen. Bringe doch mal 1 oder 2*

*kleine mit. Aber Du hast ja schon immer genug zu schlep-*
*pen.*

*Ulrichs Ferien beginnen am 14.7. und dauern bis 31.8.*
*Ende September oder Anfang Oktober gibt es dann noch*
*mal Kartoffelferien. Die Lehrerin kriegte heute erst den*
*bestimmten Bescheid über die Ferien, sonst hätte ich Dir*
*schon eher darüber geschrieben. Mit dem Schwimmen in*
*der Weser hast Du mich aber doch falsch verstanden. Ich*
*nehme doch beim Schwimmen die Dicke nicht auf die*
*Schulter. Den Leichtsinn wirst Du mir doch im Ernst nicht*
*zutrauen. Die Kleine geht bis zu ihren eigenen Schultern*
*ins Wasser, dabei halte ich sie aber doch an beiden Hän-*
*den fest. Und während ich schwamm, waren alle drei bei*
*Tante Else im Gras. Also, ich verspreche Dir, keine*
*Dummheiten zu machen, Du kannst da ganz beruhigt sein.*

*Von Alfred kamen diese Tage noch Briefe, die er aber vor*
*dem 6.6. geschrieben hatte. Nun werden wir wohl lange in*
*Ungewissheit bleiben, die besonders für Hilde und Oma so*
*sehr schwer zu ertragen ist. Es sollte wohl sein Schicksal*
*sein, dass er jetzt schon wieder auf der Insel sein musste.*
*--- Was die Franzosen sagen? Gar nichts! Die verschlin-*
*gen morgens die Zeitung, haben daneben die Landkarte*
*liegen und sprechen dann Französisch miteinander, die*
*ersten Tage sehr aufgeregt. Robert allerdings versucht,*
*der Oma die schwarzen Gedanken in Bezug auf Alfred*
*auszureden.*

*Gut, dass Du mit J. jetzt gut auskommst. Ihr müsst Euch*
*eben erst alle aneinander gewöhnen: Schließlich gibt ja*
*jeder was nach. Herr J. rechnet also auch noch mit seiner*
*Einberufung! Hoffentlich geht es mit Dir weiter gut. Ich bin*
*so froh, dass wir da bisher noch so Glück gehabt haben.*
*Deinen Platz im Bunker hast Du noch? Ich würde es ja*
*nicht einsehen, wenn Du ihn evtl. an eine Frau abgeben*
*müsstest, die während ihrer Berufstätigkeit vielleicht stri-*

*cken oder ähnliches tun kann. Samstagabend hörte ich den 9 Uhr Zug in Würgassen ankommen und habe dann ein ganz klein bisschen gehofft, Du würdest doch noch mitgekommen sein. Ja, und dann bin ich ganz enttäuscht ins Bett gegangen. -Was Plauen schreibt, muss ich erst noch ein zweites Mal lesen, hab's noch nicht kapiert, scheint aber auch Mist zu sein wie alles andere von dort. Also zu den Akten.*

*Schrieb ich Dir schon, dass wir unsere Apfelsinen jetzt auch bekommen haben? Pro Kopf ein Pfund. So, nun mache ich aber Schluss. Durch den dicken Daumenverband rutscht mir immer der Federhalter weg und von dem krampfhaften Festhalten tut mir das Handgelenk richtig weh. Übermorgen wird's wieder besser gehen. Darum noch einen festen Kuss und viele, viele Grüße von Deiner*

*Erna.*

*Jetzt erst vermisse ich ein Radio richtig, wegen der Nachrichten aus dem Westen. Hoffentlich ist dort (bei Euch) noch immer alles ruhig? Deine E.*

Hier – wie auch weiter oben bei der Erwähnung der französischen Zwangsarbeiter – sind wohl die Kämpfe nach der Landung der anglo-amerikanischen Truppen in der Normandie gemeint.


Am 17. Juni erfolgte ein Großangriff auf Oberhausen, auf unseren Ortsteil Holten, mit etlichen Toten. Auch das Chemiewerk wurde getroffen [1].

"Enttäuschung" kann man den folgenden Brief bezeichnen. Mein Vater hatte einen Besuch angekündigt, war aber nicht gekommen. Meine Mutter ging mit uns Kindern meistens zur Fähre, manchmal setzten wir auch über die Weser und holten Papa direkt vom Bahnhof Würgassen ab.

Wenn er dann nicht aus dem Zug stieg.....! Die Fahrt zu uns war ja immer eine Strapaze für ihn. Fuhren die Züge überhaupt - wie lange - bis wohin -- --kamen sie an?? Manche Fahrten verbrachte mein Vater im Güterzug oder außen auf den Puffern sitzend. Er erzählte mal, er habe mit einem Lokführer abgesprochen, an einer bestimmten Stelle langsam zu fahren, damit er vom Zug abspringen konnte, da dieser in anderer Richtung weiterfuhr.

*Brief vom 24. Juni 1944*

*Lieber Heinz,*

*aber die Enttäuschung, als wir ganz betrübt nach Hause zogen und neidisch auf Frau Riem und Frau F. waren, die ihren Papa im Empfang nehmen konnten. Zum Glück winkte Herr F. mit dem Brief, so dass ich doch einen kleinen Trost erhielt. Zu Hause wartete ein dicker Blumenstrauß von Margeriten, Vergissmeinnicht, Kornblumen und Heckenrosen auf Dich, den Dir die Kinder heute Nachmittag gepflückt hatten. Den dicken Reis müssen wir nun morgen auch selbst essen. Schade, aber vielleicht doch gut so, denn um so eher kannst Du sicher nächstes Wochenende kommen. Und nun pass' mal auf: Ist es möglich, dass Du am Freitag schon hier bist? August hat nämlich Hochzeit und wir sind herzlich und dringend eingeladen. Du sollst alles an Filmen mitbringen, was Du hast, damit Du viele Fotos machen kannst. Dass sich auf solch einer Bauernhochzeit allerhand Gelegenheit dazu bietet, ist ja klar. Vor allem aber rechnet das Brautpaar damit, dass Du von ihm einige Porträtaufnahmen machst. Also siehe mal zu, ob das geht, es wäre ja fein und ich würde mich so freuen, wenn Du mit dabei wärst.*

*Angelas Geburtstagsfeier auf den nächsten Sonntag zu verschieben? Ich glaube, die Enttäuschung wäre für alle* drei zu groß. Ulrich hat ihr heute schon Erdbeeren draußen gesucht. Mechthild schenkt ihr ein paar Bonbons und Mama einen kleinen Kuchen. Von Papa ist nun das hübsche Kärtchen da. Wenn Du kommst, ist es ja sowieso schon wieder ein Fest für uns. Schade, dass ich unseren Garten jetzt nicht mal sehen kann und die Rose. Hast Du die auch hochgezogen? Wir hatten doch davon noch einen zweiten Ableger, vor den drei Rhododendronsträuchern, glaube ich, ist der auch noch da? Mein Gartenland hier macht mir gar keinen Spaß mehr, es wächst einfach nicht. Dem Boden fehlt wohl alles. Die Wiesen und Gräben stehen weiß von Margeriten, die Bäche blau von Vergissmeinnicht, dazu blühen überall die Heckenrosen. Und doch kann man sich nicht recht daran freuen.

Dein leckeres Abendessen wird wohl einzig dastehen. Ich meine, Du wirst es Dir wohl kaum alle Abende so herrichten können. Salat und Radies aus dem Garten? Wir haben auch heute Abend die ersten Radieschen gegessen. Im Kaninchenstall hat es Familienzuwachs gegeben? Hoffentlich zieht die Alte sie groß.

(Hier endet der Brief abrupt, weitere Seite fehlt)


Brief vom 09. Juli 1944

Lieber Heinz,

ich habe ein schlechtes Gewissen, weil ich Dir so lange nicht geschrieben habe. Sei nicht böse, ich will mich auch wieder bessern. Ist noch alles in Ordnung mit Dir und zu Hause? Was war es doch vergangene Woche schrecklich heiß, tags und nachts. Man hat fast nicht schlafen können. Dann hatte ich ja auch die beiden Lütten hier bis heute, die - wahrscheinlich auch vor Hitze - sehr unruhig schliefen. Gestern Nacht hat es ein Gewitter gegeben, wie ich noch *keines erlebt habe. Heute Morgen ging es uns allen wie nach einer Bunkernacht - kein Mensch hatte geschlafen. Und Abkühlung hat's auch nicht viel gebracht. Gestern traf ich draußen Ulrichs Lehrerin. Sie sagte, es könnte möglich sein, dass die Schulferien noch verschoben würden. Die Kinder sollten bei der Ernte helfen, dafür lägen die Ferien zu früh. Das wäre faul, was? Frau Riemenschneider war auch geknickt darüber, weil ihr Mann, auch wie Du, während der Schulferien hierher kommen wollte. Sowie ich genaues weiß, schreibe ich Dir sofort. Aber ob Du Deinen Urlaub danach noch umschmeißen kannst?*

*Heute haben wir Ulrichs Namenstagskuchen gegessen und den Papa dabei sehr vermisst. Deine bunte Karte kam gestern an. Er hat sich sehr darüber gefreut und wollte Dir auch gleich wieder schreiben. Aber als er sich dann dabei quälte, habe ich ein Einsehen gehabt und ihm gesagt, er dürfe damit warten, bis es ein klein bisschen kühler geworden wäre. Aber morgen muss er dran, damit er es nicht wieder auf die lange Bank schiebt.*

*Ich will Dir auch jetzt schon zu Deinem Namenstag gratulieren. Ich weiß ja nicht, wie lange dieser Brief unterwegs sein wird. Und wenn Du Samstag wieder kommst, wiederhole ich es noch mal mündlich. Das tue ich ja auch am allerliebsten, Dich in den Arm zu nehmen und Dir von ganzem Herzen Glück zu wünschen. Und Dir einen ganz festen lieben Kuss zu geben. Das kann ich ja jetzt nur alles in Gedanken tun. So wünsche ich Dir nun herzlichst alles Gute, mein Heinz, und bleibe mit lieben Gruß und Kuss Deine*

*Erna.*

## Obsternte in Herstelle – Bomben in Holten

Die Obstbäume an Wegen und Straßenrändern konnten anteilsmäßig gekauft und abgeerntet werden. An einem Baum waren somit mehrere Familien beteiligt. Bis zu 12 Familien teilten sich dann das Obst. Fallobst konnte immer gesammelt werden. So verarbeitete meine Mutter Fallobst und gutes Obst in allen Variationen. Wir Kinder hatten manchmal bessere Möglichkeiten an schnelles schönes Obst zu kommen. Wir durften mit zur Heuernte und saßen auf dem Heimweg hoch auf dem Heuwagen, der stellenweise dicht unter den Zweigen der Obstbäume dahin schaukelte. Dabei griffen wir flink zu und schnappten uns so die herrlichsten Äpfel oder Birnen.

Herrliche Äpfel und Birnen für uns und in Oberhausen Weltuntergang - Bomben - zerstörte Häuser und Wohnungen. Am 19. August erlebte Holten wieder einen Angriff [1], wieder gab es eine Menge Tote, wieder wurden viele Menschen ins Elend gestürzt. Auch Familie St., Bekannte meiner Eltern, hatten Unglück.

Mein Vater muss kurz vorher bei uns gewesen sein, meine Mutter schreibt von seiner Abreise und sorgt sich .....

*Brief vom 26. August 1944*

*Lieber Heinz,*

*heute kriegte ich Deinen sehnlichst erwarteten Brief. Es ist schrecklich, was Du mir alles da zu schreiben hattest. Wie mag es jetzt zu Hause im Ort aussehen! Gott sei Dank, dass unser Haus wenigstens noch steht. - Aber wer weiß, wie lange noch. Es ist eine trostlose Vorstellung zu denken, dass das Heim, in dem man mit seinem Lieben glücklich gewesen ist, auch eines Tages in Trümmern liegen könnte. Aber fürs erste bin ich mal froh, dass es noch gut gegangen ist und dass auch unsere Blumen noch alle heil* geblieben sind. An denen hänge ich doch noch sehr. Die Gardine hat doch sicher mindestens Löcher abgekriegt? Grüße Frau St. Und sage ihr auch, es täte mir sehr leid, dass sie so ein Unglück gehabt haben.

Ich kann mich nun auch richtig ärgern, dass wir es am Mittwoch mit Deiner Abreise so eilig gehabt haben. Man macht' s eben immer verkehrt. Als ich vom Bahnhof nach Hause kam, hatten unsere Drei ihren Schmerz schon vergessen. Die Ferien sind doch sehr schnell umgegangen, nicht? Aber schön waren sie doch! Und besseres Wetter konnten wir auch nicht haben. Ich freue mich, dass Du bald schon wieder kommen willst. Kommen ganze 8 Tage zusammen? Trotz Urlaubssperre? Die Freitagszeitung brachte ja allerhand neue Bestimmungen. Wenn es noch mal einen Angriff dort geben sollte, dann hoffentlich während Deines Hierseins. Denn so eine Nacht wird nicht gerade 'ne Nervenberuhigung sein. Der Bunker hat also seine Feuerprobe bestanden! Ich hätte aber nicht drin sitzen mögen! Demory tut mir auch leid, ich wünsche ihm gute Besserung. Wer hat denn die Kaninchen gefüttert? Hast Du die Fenster aus der Garage eingesetzt oder waren schon wieder neue Scheiben drin? Damals ging es ja sehr schnell damit.

Ulrich und ich fahren jeden Abend zum Strandbad, es ist noch jeden Tag sehr heiß. Du hast dort noch Staub und Dreck dazu. - Ich habe Donnerstag große Wäsche gehabt, einen ganzen Berg, gestern und heute die Äpfel verarbeitet, bin aber noch nicht ganz fertig. Es ist mehr Abfall als Gutes dran. Sie sind fast alle wurmstichig und durch und durch zerfressen. Ich habe erst 3 Gläser (die letzten) voll Kompott und ein großes Blech voll zum Trocknen. Frage doch bei der Birnentante mal wegen Birnen, die will ich dann auch trocknen. Neues ist hier in den 3 Tagen noch nicht passiert, nur, dass ich Dich jetzt sehr vermisse. Die *drei Lütten grüßen und küssen Dich herzlich und Du sollst bald kommen zum „Baddeln". Von mir kriegst Du einen besonders festen Kuss. Übrigens, hätte ich bald vergessen, das Boot habe ich unter viel Mühe und mit Daniels Hilfe glücklich am Mittwochabend auseinander gekriegt und ist wieder gut verpackt. Denke aber das nächste Mal an Talkum, ja? So, und nun nochmals viele herzliche Grüße von Deiner*

*Erna.*

Das Boot ist ein zerlegbares Paddelboot, mit dem meine Eltern schon vor dem Krieg auf der Essener Ruhr viel Spaß hatten.

*Brief vom 04. September 1944*

*Lieber Heinz,*

*heute schon kam Dein Paket an, das Du erst am Samstag aufgegeben hattest. Ich will nun mal sehen, ob Tante mir die Dosen gegen Weißblechdosen, leihweise natürlich, umtauscht, denn ich muss was haben für Apfelkompott. Ich habe nämlich in den letzten Tagen bei dem Sturm Obst gesammelt, na, 1,5 Ztr. sind' s knapp gerechnet. An einem Vormittag allein 65 Pfd.. Fein, was? Und was für Obst, nicht so'n klein Gezumpel wie bisher, es sind über die Hälfte Boskop dabei, dicker als Deine Faust. Das macht Spaß! Die Puckäpfel sind zum Teil schon alle getrocknet. Ich bin vergangene Woche zu nichts anderem gekommen als zum Apfelschälen. Sonntag habe ich einen Birnbaum gekauft, d.h. mit 8 Familien einen Baum, die Gemeinde hat nämlich nicht viele Birnbäume. Aber es werden schätzungsweise für jeden 25 bis 30 Pfund, vielleicht auch mehr herauskommen, für 3 Mark. Und dann leckere Grieschen!*

*Samstag hast Du uns aber fein angeführt. Wir waren 2 mal*

*an der Fähre, und wer nicht kam, warst Du. Ich war ganz enttäuscht. Nun schreibst Du ja heute, dass Du Sonntag kommst. Wir verschieben also Mechthilds Geburtstag vom 7. auf den 10. September und feiern dann mit dem Papa zusammen. Heute hat Ulrichs Drache seine Jungfernfahrt gemacht. Beim ersten Versuch war der Schwanz zu schwer. Dann aber stieg und stieg er und war kaum zu halten bis leider die Leine zu Ende war. Aber einen Sturzflug hat er doch noch gemacht und landete auf den Bohnenstangen. Nach dem Flicken stand er aber noch mal so gut, und Ulrich hat den Triumph, dass seiner heute am höchsten und schönsten stand. Er war heute Abend noch ganz aufgeregt. Der Papa hat seine Sache gut gemacht! Das will er Dir auch wohl schreiben, aber - er kommt nicht dazu. Das liegt wohl daran, dass er ja immer schon im Bett ist, wenn ich anfange, Briefe zu schreiben.*

*Oma hat mich angesteckt mit ihrer Sorge um Else, die jetzt sehr lange nichts von sich hören ließ. Kannst Du mal versuchen, sie in Düsseldorf diese Woche anzurufen? Auch die Gedanken um unseren Alfred lassen uns nun kaum noch los. Wenn doch nur bald alles ein gutes Ende nähme. Auch heute, lieber Heinz, wünsche ich Dir gute Nacht und einen herzlichen Kuss und bin mit vielen lieben Grüßen Deine*

*Erna.*

*Denke bitte an die Einkochgläser, ja? Hat Krohn die Prämienrechnungen geschickt? Heute für Sept. eingezahlt. Tel. Nr. Düsseldorf 104 ... glaube ich.*

## Wintervorbereitungen

*Brief vom 13. September 1944*

*Lieber Heinz,*

*es ist zwar schon sehr spät am Abend, aber der Brief soll doch morgen früh mit weg, sonst dauert es vielleicht 14 Tage, ehe Du überhaupt etwas von mir hörst. Wenn es gut geht, wirst Du den Brief ja wohl Sonntag - Montag bekommen. Hoffentlich habe ich dann auch von Dir Post bekommen. Heute war ein strammer Tag. Morgens 2 Ztr. Kohlen von Karlshafen geholt. Ich hatte den Handwagen hinters Fahrrad gebunden, weil ich schnell wieder zu Hause sein wollte, denn ich sollte mit Kartoffeln ausmachen. Verträgt das Fahrrad so'ne Sachen? Ich hatte unterwegs Angst, der Gepäckträger risse ab. Zum mindesten wird er aber wackelig. Dann habe ich von 1 bis 7 Uhr hinterm Haspel Kartoffeln aufgelesen. Das wird morgen einen kleinen Muskelkater geben in den Beinen und im Kreuz. Man ist ja solche Arbeit nicht gewöhnt. Aber es war herrliches Wetter heute und schwer gefallen ist mir nur die letzte halbe Stunde. Montag habe ich eingekocht. Ich hatte tatsächlich fast alle Gläser vollgekriegt, die Du mitgebracht hattest. Da habe ich aber die Beinknochen und das Rückgrat herausgelöst und nur die Rippchen drin gelassen; so habe ich nur 6 Gläser dafür gebraucht. Meinen Apfelbaum soll Robert aber doch schon diese Woche abpflücken. Es liege immer abgeschlagenes Laub drunter, und ich meine auch, es wären nicht mehr so viele Äpfel drauf.*

*Gestern holten mich die Kinder und Elisabeth ab zu einem Spaziergang auf den Rotsberg. Elisabeth wollte mal gerne rauf. Sie war ganz begeistert von dem herrlichen Ausblick. Es war aber auch schön, die Felder, alle abgeerntet und zum Teil schon neu bestellt, sahen so blank und sauber aus. Ich hätte Dich gerne dabei gehabt.*

*Soeben hörte ich im Radio, der Feind sei schon in Aachen. Wo soll denn dem endlich Halt geboten werden. Am liebsten möcht' man gar nichts mehr hören und ist doch begierig auf jede neue Nachricht. Hoffentlich erhört der liebe Gott unser tägliches Gebet "Führe uns alle wieder gesund zueinander". Wenn ich doch gerade jetzt, wo die Zeit wohl am schwersten wird, bei Dir sein könnte. Aber den Kindern darf man den Aufenthalt dort ja nicht mehr zumuten. So kann ich nur immer in Gedanken bei Dir sein. Ich wünsche Dir herzlich alles Gute und grüße und küsse Dich vielmals. Deine*

*Erna.*

## Tod auch in der Familie – und ein neuer Schutzengel

Im September fallen wieder Bomben auf Holten. Erwachsene und einige Kinder müssen sterben [1]. Zu gleicher Zeit erkrankt mein Bruder Ulrich an Scharlach und Diphtherie und stirbt am 18. September.

An seinen Tod kann ich mich nur erinnern, dass ich ihn noch am Fenster der Wohnung bei Dachs in der Siedlung gesehen habe, dass ein kleiner weißer Sarg im Hausflur bei Tante stand, um den Angela und ich herumsprangen. Irgendjemand zog uns weg. Ich wusste nicht, was war geschehen? Die Erinnerung am Friedhof war, dass wir durch das große schmiedeeiserne Tor in den Friedhof gingen - Angela und ich trugen weiße Kleider, hielten uns an den Händen - beim Zurückschauen sah ich meine Mutter in den Armen meines Vaters hängen, sie weinte und weinte. Wieder wusste ich nicht warum. Das waren Momente von der Beerdigung, die ich erst später richtig begriff und die ich mein Lebtag nicht vergessen habe. Ulrich ist nur knapp 7 Jahre alt geworden.

Ulrich

Nach dem Tode meines Bruders fiel meine Mutter in tiefe Depression, aus der sie nicht herausfand. Sie wollte uns Mädchen auch nicht mehr sehen und um sich haben. Erst Omas langes Bitten und ständiges gutes Zureden brachte sie dazu, uns beiden wieder eine gute Mutter zu sein.

Trotz ihrer Verzweiflung und Trauer schreibt sie weiter ihre Briefe nach Oberhausen und braucht die Unterstützung und den Trost meines Vaters mehr als je zuvor.

Von Tantes Hof zum Bunker oder Eiskeller in den Klippen war es nur ein kurzes Stück. Meine Mutter war ebenfalls bei uns, um bei Alarm mit uns schnell genug im Bunker zu sein. Eines Nachts gab es Alarm, sie rannte mit mir auf dem Arm und Angela an der Hand Richtung Bunker, Oma folgte. Am Bunker gab sie uns rasch in die Obhut einer bekannten Frau und lief zurück, Oma entgegen. Die ersten Flugzeuge waren schon da und Oma hatte sich vor Angst in den Straßengraben gerollt. Dort fand sie meine Mutter. Sie erreichten beide noch wohlbehalten den schützenden

Eiskeller. In den nächsten Nächten schliefen wir angezogen im Bett, damit keine wertvolle Zeit für das Anziehen verloren ging. Dabei passierte es, dass Angela und ich unsere Schuhe verkehrt anzogen und so stolperten wir mit rechten Füßen in linken Schuhen und umgekehrt zum Bunker.

*Brief vom 02. Oktober 1944*

*Lieber Heinz,*

*ob überhaupt einfache Briefe ankommen? Hast Du meine Karte von Höxter bekommen? Von Dir habe ich noch nichts gehört. Ich hoffe doch, dass alles in Ordnung ist. Hier ja. Mit den beiden Mädchen ist auch alles in Ordnung, wie ich schon schrieb. Heute Mittag musste Kassel einen fürchterlichen Angriff über sich ergehen lassen, es war hier schon schrecklich. Hier direkt ist aber nichts passiert. Ich bin nun tagsüber in der Wohnung seit heute, schlafe aber bei Tante, damit wir evtl. die Kinder schnell genug aus dem Bett kriegen können. Es ist fast jeden Abend was los. In meine Wohnung möchte ich die Kleinen vorläufig noch nicht mitnehmen.*

*Ulrichs Blumen auf dem Grab werden nun langsam auch welk. Else hatte in Beverungen noch einen schönen Kranz bestellt, der ist noch frisch mit vielen weißen Astern und Löwenmäulchen. Von mir kann ich Dir nichts schreiben. Ich hatte es früher nie für möglich gehalten, dass man so mut- und lustlos sein könnte. Ja, ich weiß, was Du wieder sagen willst, wir haben noch die beiden Kleinen. Das sage ich mir auch immer wieder vor. Ich gebe mir auch Mühe, mich Gottes Willen zu beugen, aber - wenn Du für mich beten willst, dann bete, dass Gott noch Geduld mit mir haben möge. Und wie Du es erträgst zu all der anderen Mühsal dort. Aus Borken und Hattingen kamen noch Bei-*

*leidsbriefe. Was nützen uns alle Worte. Nun kommen jetzt nach der neuen Zeit auch die schrecklich langen Abende wieder. Wenn ich ja nur schlafen könnte, ginge ich mit den Kindern zu Bett. Aber ich liege die halben Nächte wach. Mache Dir aber keine Sorge, meine Natur verträgt schon was. Ich wünsche Dir nun herzlich alles Gute, lieber Heinz, Du musst auch Geduld mit mir haben. Und nun einen lieben Gruß von Deiner*

*Erna.*


Einige Zeit nach dem Tode meines Bruders nahm meine Mutter uns Mädchen zu sich in die Siedlung. Sie sagte uns, dass Ulrich jetzt im Himmel sei und als unser Schutzengel auf uns herunter schaut. Ich stellte ihn mir als Stern vor und suchte abends nach dem hellsten Stern.

Zu Hause in Holten wird beim Angriff am 6. Oktober die katholische Kirche getroffen und stark beschädigt. Ein großer Teil Holtens wird zerstört und brennt [1]. Außerdem hatte meine Mutter Angst, dass meinem Vater auf den Rückfahrten nach Holten etwas passiert. Er erzählte uns viel später auch, dass Züge beschossen wurden und er und andere Reisende sich daher am Bahndamm versteckten.


*Brief vom 12. Oktober 1944*

*Lieber Heinz,*

*Deine 2. Karte von Altenbeken kam heute, Donnerstag, an. Die erste von Hartung habe ich noch nicht bekommen. Wenn ich nur wüsste, ob Du gut nach Hause gekommen bist. Am Montagabend soll Bochum doch wieder an der Reihe gewesen sein. Hoffentlich warst Du da schon durch, ehe es los ging. Du schriebest ja, Du wärest am Abend noch zu Hause. Gib mir ja schnell Nachricht, wenn Du es noch nicht getan hast. Hier ist alles in Ordnung. Heute haben wir noch mal 3 Ztr. Kartoffeln für mich nach Dachs rauf gebracht. Ich habe also jetzt 9 Ztr. da, das ist, glaube ich, nun genug. Meinst Du nicht auch? Das zweite Bett steht nun auch oben. Ich will mit den Kindern in den nächsten Tagen umsiedeln, damit ich endlich auch wieder weiß, wo ich zu Hause bin. Dieses Zwischen-zwei-Tischen-Sitzen ist auf die Dauer nicht auszuhalten. Ich habe dann auch mehr zu tun, muss selber kochen usw. und habe dann nicht mehr so viel Zeit zum Grübeln. Man erzählt sich hier, Zivilpersonen können nicht mehr ins Ruhrgebiet reisen, sind nun die Wochenendfahrten auch zu Ende? Das würde mich und auch Dich schwer treffen. Ich habe Deinen Besuch jetzt so dringend nötig. Und auch Deinethalben würde es mir sehr leid tun. Else schrieb einen letzten Brief vor ihrer Operation, unter den Mia von Hattingen am Tage nach der Operation einen Vermerk setzte, dass alles gut überstanden sei und Else sich verhältnismäßig wohl fühle. Hoffentlich kommt sie nun recht bald gesund wieder raus. Ursula und Lena haben auch geschrieben. Lena will jetzt das Eierkistchen schicken, wo die Bauern selber um jedes Ei verlegen sind. Damit muss sie nun schon warten bis um Ostern herum.*

*Samstag will ich zum Kloster Beichten gehen. Hoffentlich finde ich einen Beichtvater, der mit meiner Not umzugehen versteht. Vielleicht wird mir nachher alles etwas leichter.*

*Im Augenblick rennt schon wieder alles zum Bunker, weil Einflugmeldung vorliegt. Ich habe mich entschlossen, nicht mehr in diesen Eiskeller zu gehen, sondern uns von nun an unserem lieben kleinen Schutzengel anzuvertrauen. Er wird beim lieben Gott wohl ebenso beharrlich sein mit seinen Bitten, wie er auch oft bei mir war. Hoffentlich bringt* er *uns recht bald wieder glücklich und für immer zusammen. Für heute nun viele Grüße von Deinen kleinen Mädchen und von Deiner*

*Erna.*


In der Siedlung bewohnte meine Mutter zwei Räume im Obergeschoss des Hauses. Am rückwärtigen Teil war ein flacher Anbau, in dem sich die Küche der Wirtsleute und am Ende, nach einem Gang, der Ziegenstall mit dem Plumpsklo befand. Eine Außentreppe im Hof führte in den Keller. Auf der anderen Seite vom Hof stand noch ein separater kleiner Stall mit Heuboden. Am Hof schloss sich der Garten an, der unten am Deißelweg endete. Vom Küchenfenster der Wohnung hatten wir einen Blick auf die gegenüber liegende Seite vom Rotsberg. Auch hier stieg das Gelände steil an und oben auf der Höhe lagen die Burg, das Kloster und der Friedhof. Auf der Anhöhe war eine Flak postiert. Bei Fliegeralarm saßen wir Mädchen am Fenster (meine Mutter ging nicht mehr in den Bunker) und beobachteten die Flak, die knatterte.

Auf die genannte Höhe zog sich eine Straße hinauf, die unten bei einer uralten Linde vom Deißelweg abzweigte, oben auf der Höhe am Friedhof vorbei lief und dann wieder abwärts ging und unten im Dorf endete. Oben auf der anderen Seite vom Kloster gab es eine lange, breite Steintreppe, ich glaube mit über 100 Stufen, die an den Felsen entlang nach unten bis zur Kirche führte. Dort mündete auch eine abschüssige Straße, die die Dorfstraße überquerte und weiter bis zum Dorfplatz und zur Fähre lief. Im Winter fuhr ich einmal mit meinem Vetter zum Schlittenfahren. Von eben dieser Straße bzw. vom Ende der Treppe aus sausten wir mit dem Schlitten los, über die Dorfstraße, bis kurz vor die Fähre. Erst da konnte (oder wollte) mein

Vetter anhalten. Als meine Mutter davon hörte, durften wir nie wieder mit ihm Schlitten fahren. Im Winter ein Bad in der Weser, na ja, es war Gott sei Dank nichts passiert.

Der Dorfplatz wurde auch als Dreschplatz benutzt. Im Sommer stand dort eine "Höllenmaschine", die unheimlich Lärm und Staub erzeugte. Die Bauern haben dort ihr Korn gedroschen und wir Kinder hüpften im Staub und Stroh herum.

Weiter gab es noch eine "Bleiche", eine große, eingezäunte Rasenfläche, auf der die Frauen helle Wäschestücke auslegten und von der Sonne bleichen ließen. Dabei wurde die getrocknete Wäsche immer wieder mit der Gießkanne bespritzt, bis sie schön weiß wurde. Nun, eine Gießkanne kannte ich vom Garten, sollte die Wäsche vielleicht noch wachsen? Die nahe Dampferanlegestelle war während des Krieges ziemlich verwaist.

Am Deißelweg befand sich, kurz nach der alten Linde, neben der Straße eine Stelle, die mit spitzen Eisenstangen eingezäunt war. Durch ein keines Törchen konnten wir hineinschlupfen. Im hohen wilden Gras standen verschieden große Steine. Meine Mutter packte uns jedes Mal und zog uns wieder auf die Straße. Da dürft ihr nicht rein, kommt schnell weg, hieß es dann. Ja, das war der Judenfriedhof, auf dem wir nicht einfach so herumlaufen sollten.

Irgendwann tauchten deutsche Soldaten auf, die im Hause Quartier bezogen. Wie lange, weiß ich nicht mehr. Jedenfalls hatten wir Mädchen ab sofort Bodyguards. Bei Alarm wurden Angela und ich postwendend eingesammelt, unter den Arm geklemmt und in den Keller verfrachtet. So schnell meine Mutter auch war, die Soldaten waren schneller. So manche Nacht verbrachten wir im Keller. Meine Mutter hatte für uns notdürftige Nachtlager gebaut, sie selber versuchte im Liegestuhl zu schlafen. In den

Kellerfenstern steckten dicke Sandsäcke. Die Wirtsleute und Soldaten schliefen (oder auch nicht) auf diversen Kohlen- und Kartoffelkisten.

Im Oktober dröhnen Tiefflieger durch das Wesertal. Wir halten uns alle, auch meine Mutter, doch wieder bei Tante im Haus auf, da der Eiskeller nahe ist.

Der folgende Brief ist in Etappen geschrieben, da es immer wieder Alarm gibt - und auch Namenstagsgäste „stören".

*Brief vom 15. Oktober 1944*

*Lieber Heinz,*

*es ist Sonntagmittag und alles im Hause der Tante schläft, nachdem wir heute Nacht von 2 bis 5 Uhr Fliegeralarm hatten. Was Du nun gerade tust, kann ich mir jetzt nicht mehr vorstellen, ob Du zu Hause beim Mittagessen bist, oder im Werk oder auch im Bunker. Außer Deinen beiden Karten von unterwegs habe ich von Dir noch keine Post bekommen. Heute Morgen war ich an Ulrichs Grab, er hat ja heute Geburtstag. Und ich konnte ihm nur eine einzige ganz erbärmlich blühende Primel bringen. In Karlshafen und Beverungen war nichts anderes aufzutreiben. Bringe doch irgendwas mit, wenn Du eben kannst. In unserem Garten muss doch noch eine niedrige violett blühende Herbstaster sein. Evtl. auch Tulpenzwiebeln. Wenn Du überhaupt noch kommen kannst; sie reden nämlich so viel von Reiseverbot usw. Und wir haben doch Wiedersehen beide so nötig. Heute ist mir etwas leichter zu Mute, denn heute Nacht und am Vormittag ist unserem Ulrich manches erspart geblieben, wovor er sonst ja auch immer sehr bange war. Heute Nacht 1 Stunde lang Tiefflieger die Weser lang. Das Haus dröhnte nur so, wir saßen in der Küche bei Tante und waren auf das Schlimmste gefasst. Aber es ging vorüber. Das war eine Nervenprobe! Am Vormittag fing es wieder so an und wir sind dann doch wieder in den Eiskeller gelaufen. Weil wir noch von der Nacht so beeindruckt waren. Die Brücke von Fürstenberg hat es erwischt.*

*Nun ist's 9 1/2 Uhr abends und soeben kommen wir wieder aus dem Eiskeller. Es wird nun auch hier langsam unheimlich. Vielleicht sind wir nun bald recht froh, einen kleinen Schutzengel dort oben zu haben. Tante hat heute zu ihrem Namenstag allerhand schöne Blumensträuße bekommen. Davon soll Ulrich morgen welche mitbekommen und ich kann sein Grab doch noch mal schmücken, ehe nun bald alle Blumen verschwinden.*

*Vorigen Dienstag war ich in Langental, oder schrieb ich es schon? Habe aber keine Zwetschen bekommen, weil die Zeit vorbei war. Man bot mir dafür Birnen an. Ich habe genommen so viel ich fassen konnte. 26 Pfd. Bergamotbirnen zum Trocknen und 10 Pfd. Winterbirnen und noch 5 Pfd. Walnüsse. Es hat sich also doch noch gelohnt. Von diesen Leuten in Langental ist auch ein Verwandter bei Deinem Werk als Polier. Sie waren sehr freundlich und nächstes Jahr, wenn ich noch hier wäre, könnte ich von ihnen bestimmt Zwetschen bekommen.*

*Nun hatte ich Dir heute Mittag allerhand schreiben wollen; da kamen die ersten Gratulanten für Tante dazwischen und nun habe ich alles vergessen. Ich schreibe Dir bald wieder. Den beiden Kleinen geht es gut. Oma und Tante bekommen die Aufregungen der letzten Zeit sehr schlecht. Mich berührt alles nicht so sehr, nur der Gedanke, die Kinder unter Qualen und Leiden sterben sehen zu müssen, gibt mir in diesen Stunden immer ein Gebet ein: Mein Junge, erbitte uns allen einen leichten Tod. Vielleicht aber führt uns das Schicksal doch noch einmal in Ruhe und Frieden für immer zusammen. Nun Gute Nacht, lieber*

*Heinz, und viele liebe Grüße von Deiner*

*Erna.*

In ihrer schlechten seelischen Verfassung nach Ulrichs Tod muss meine Mutter noch die schlimmen Nachrichten dazu ertragen: Das Ruhrgebiet wird bombardiert, ihre Ängste und Sorgen wachsen. Stärke und Kraft holt sie sich von oben und weiß ihren kleinen Jungen im Himmel gut aufgehoben.

*Brief vom 25. Oktober 1944*

*Lieber Heinz,*

*heute Nachmittag habe ich um Dich wieder große Angst ausgestanden und bin nun sehr in Unruhe, bis ich ein Lebenszeichen von Dir bekomme. Es war genau solch ein Dröhnen von dort her wie am Montagabend. Im Radio waren Oberhausen und Bochum und Wanne-Eickel als Angriffsziel genannt worden. War es wieder schlimm dort oder ist Holten diesmal glimpflicher dabei abgekommen? Ich sage mir ja immer wieder vor, dass unser lieber Junge auch heute wieder sein Schutzengelamt bei Dir ausgeübt hat. Aber ich denke jetzt doch auch oft daran, ob Ulrich nicht nur darum hat vor uns sterben müssen, damit wir aufgerüttelt wurden, um nicht plötzlich unvorbereitet vor Gott treten zu müssen. Du bist es, ja, und ich bin froh darüber. Und ich, so hoffe ich, auch wenn ich noch etwas Zeit brauche, zu der Furcht vor Gott, die ich jetzt kenne, auch die Liebe zu ihm wieder hinzuzulernen. Aber vielleicht darf ich dann meine Not dafür in die Waagschale legen. Der Herrgott kennt ja unsere Schwachheit und er weiß es ja auch, dass wir es erst lernen müssen, Opfer zu bringen. Und so, wie ich aus der dumpfen Leere überhaupt wieder zu ihm fand, so wird er mir auch helfen, das höchs-*

72

te und schönste Gebot wieder zu erfüllen.

Ich schreibe Dir das alles, mein lieber Heinz, damit Du weißt, wie es um mich steht und Du - sollte Deine Stunde eher schlagen als die meine - dort oben ein gutes Wort für mich einlegen kannst. Ich hätte ja auch Sonntag mit Dir darüber sprechen können, aber - Du kennst mich ja - ich kann über solche Dinge nicht viele Worte machen. Die Menschen, die sich alles vom Herzen herunterreden können, haben es doch leichter. Ich muss das alles innerlich verarbeiten, und es ist so mancher Knoten, den ich noch nicht auseinander habe.

Abends, wenn alle schlafen, sind nun meine schönsten Stunden, dann ist Ulrich wieder bei mir, aber ich muss ihm oft sagen: Sei nicht traurig, weil ich schon wieder weine. Ich will dich ja nicht wieder herholen in dieses Elend, aber das Weinen musst du mir doch lassen, weil es fast erleichtert. Gestern haben wir für sein Grab im Wald Tannenspitzen geholt und den Hügel so schön wie ich es nur konnte geschmückt. Die welken Kränze sind nun alle fort.

Als wir gestern im Walde waren, haben wir uns zeitweise unter dichten Tannen versteckt, weil es mal wieder rund ging. Der 2 Uhr - Zug wurde wieder beschossen, mehrere Tote und Verletzte, in Bodenfelde haben sie wieder was abgeladen. Drechsels sollen nur ja nicht mit diesem Zug kommen. Er ist nun in letzter Zeit schon zum vierten Mal angegriffen worden.

Für Deinen langen Brief, den Du mir mitgebracht hast, danke ich Dir herzlich. Ich habe ihn oft gelesen. Du schreibst darin von Dank - ja, danken wollen wir dem Herrgott für das Glück dieser 7 Jahre - und von Mühe und Last. Ach, lieber Heinz, wir haben sie ja gemeinsam getragen, denn es gab ja auch andere Beschwerden und Mühen, als rein körperliche. Und von diesen ersteren hast *auch Du Dein Fett mitbekommen. Aber damals waren wir noch beisammen. Jetzt sind wir schon über ein Jahr getrennt. Unter dieser Trennung aber hast Du, davon bin ich überzeugt, ungleich mehr zu leiden als ich. Denn wo es an jeder häuslichen Pflege, von Gemütlichkeit gar nicht mehr zu reden, mangelt, ist ein Mann immer schlimmer dran. Ganz abgesehen von allem, was Du jetzt dort alles erleiden und über Dich ergehen lassen musst. Ob wir hoffen dürfen, dass es noch mal so gut wird wie früher? Auch das müssen wir dem Herrgott überlassen. Ich hoffe heute aber nur, dass er Dich beschützt und uns ein glückliches Wiedersehen schenkt. Viele herzliche Grüße und in Gedanken einen lieben Kuss von Deiner*

*Erna.*

Wie schon gesagt bzw. geschrieben, sind die Abkürzungen F. und D. im nächsten Schreiben Kollegen aus Holten.

*Brief vom 29. Oktober 1944*

*Lieber Heinz,*

*heute brachte Herr F. mir Deinen Brief und ich will Dir auch schnell schreiben, damit er ihn mitnehmen kann. Ein Brief vom Mittwoch wird wohl noch lange Zeit brauchen bis er bei Dir ankommt. Ich war über das Lebenszeichen sehr froh, denn diese Woche hat es von dort her fast täglich 1 bis 2 mal ganz doll herübergedröhnt. Deine Rückfahrt hat ja auch lang genug gedauert und dann noch den Umweg über Kettwig! Über Essen geht es wohl nicht mehr? Du schreibst auch von Else, dass es ihr besser geht. Das war ein guter Einfall, nach Hattingen zu fahren, und auch wir wissen endlich was Näheres. Der letzte Bescheid von Mia war auch 3 Wochen unterwegs. Ich bin nun mit den Kindern endlich umgesiedelt in meine Wohnung. Ulrichs Grab ist nun wieder schön in Ordnung. Ich hatte zwei weiße Astern bekommen, wovon ich aber vielleicht eine Tante überlassen muss, wenn sie keine mehr kriegt. Wenn Gerd sich so drum gekümmert hätte wie ich, hätte sie auch welche bekommen. Aber .... Du weißt ja Bescheid.*

*Unsere beiden Kleinen sind fast richtig verwildert. Das merke ich jetzt, seit wir hier sind. Es sieht manchmal bei mir aus wie in einer Räuberhöhle. Aber ich muss doch öfters über sie lachen. Und ich muss mich auch sehr zusammennehmen, weil ich so ungeduldig geworden bin und leicht vergesse, dass beide doch noch ein paar Jahre jünger sind als Ulrich. Ulrich war so eigen mit seinen Spielsachen und räumte immer alles schön ordentlich in seinen Bollerwagen. Und so war er auch mit all seinen Sachen. Heute habe ich kommuniziert und dabei dem Herrgott gesagt: Sieh, der Ulrich hält meine Hand, und was bei mir nun noch fehlt, dazu muss er mir auch noch helfen, denn darum hast Du ihn ja zu Deinem Engel gemacht. Manchmal meine ich auch, ich wäre über den Berg und doch überfällt mich noch oft genug, besonders, wenn ich an dem Grab stehe, der ganze Jammer wieder und alles andere erstickt darin. Hin und wieder hilft mir da die Mechthild, die oft genug aus ihrem Lachen und Kichern heraus ruft: Mama, lach doch mal mit. Ach ja, die Kleinen könnten noch gut eine lustigere Mama gebrauchen.*

*Mit Tante Gustl bleibt es so, aber warum zögern Drechsels so lange? Die Nachfrage im Dorfe nach Zimmern wird täglich dringender. Auch mehrere Schwestern oben aus dem Kloster suchen geflüchtete Verwandte unterzubringen. Dazu kommen immer neue Soldaten. Die Mehl- und Fleischmarken werde ich verwenden. Hast Du die alten Brotmarken untergebracht? Denke auch an Deinen Krankenschein für den Zahnarzt. Wann kommst Du wieder? Den Sonntag nach Drechsels?*

*Bleibe nun gesund, mein lieber Heinz, heute einen schönen Sonntagsgruß und einen lieben Kuss von Deiner*

*Erna.*

*Ist Friedrich S. jetzt bei Dir? Dann grüße ihn von mir, auch Fam. J., alle drei.*

(Diese abgekürzten Namen wiederum gehören zu Freunden und Bekannten in Holten.)


Anfang November wird Holten erneut bombardiert, aber mein Vater hält sich im sicheren Werksbunker auf. Er erzählte später, dass oft bombardiert wurde, sobald die Werksanlagen wieder hergestellt waren, und man daher schon vorsorglich in den Bunker ging. Einmal, erzählte er, habe er nach dem Angriff, als alles zerstört war, laut ausgerufen „Führer, wir danken dir!" Ziemlich heikel, dieser Sarkasmus, aber entweder hat ihn doch niemand gehört, oder alle haben dasselbe gedacht!

Meine Mutter lebt in ständiger Angst um ihn und ihr Zuhause.


*Brief vom 06. November 1944*

*Lieber Heinz,*

*Danke schön für den Brief, den Herr D. mitbrachte, er soll Dir die Antwort darauf auch gleich wieder mitbringen. Ich bin gar nicht beruhigt darüber, dass Eure Werksbunker etwas besser sind als andere, mit denen so Schreckliches passiert ist. Und eines Tages …. aber ich will nicht immer an so etwas denken und nur hoffen, dass wir bald wieder gesund zusammenkommen und -bleiben können. Aber auch dann wird eine große Lücke unter uns sein. Trotzdem ich doch nun die beiden Kleinen immer bei mir habe,*
76

*fehlt mir Ulrich immer und überall, und ich meine fast, es würde von Tag zu Tag schlimmer statt besser. Allerheiligen und Allerseelen haben wir auf seinem Grab alle weißen Kerzen, die ich noch hatte, ca. 20 Stück, brennen lassen. Die Kinder hatten ja ihre Freude daran und Ulrich auch sicher. Aber Du hast mir in den Tagen besonders gefehlt. Die beiden Astern habe ich heute auf Ulrichs Grab gebracht. Einzelne Zweige waren abgeknickt, sonst waren sie noch ganz schön. Sage den Nachbarn auch von mir ganz herzlichen Dank.*

*Was Ihr dort für ein Leben führt - es ist fast nicht zu glauben, dass Ihr das immer noch aushaltet. Komme bald wieder hierher zum Ausschlafen. Herr Drechsel meint bestimmt, dass Du Samstag kommst. Ich freute mich ja, wenn ich auch wieder wegen der unsicheren Bahnfahrt große Angst Deinetwegen hätte. Drechsels waren Sonntagmorgen um 4 Uhr hier, haben aber mit dem Wagen 2 Stunden vor Kemperfeld gehalten, weil sie mich nicht mitten in der Nacht stören wollten. Ich hätte fast geschimpft. Nun mal zu den Schuhen: Für mich keine Schuhe kaufen, ich habe noch genug, die ich mal erst hier auftragen kann. Oma hat ihren Schein hier untergebracht, hat ein Paar anscheinend ganz gute Schuhe bekommen. Gerd will mal sehen, ob er einen Schein kriegt (wenn's dann nicht zu spät ist). Das Maß für den Kinderschuh lege ich bei. Aber keinen Halbschuh nehmen, die bin ich jetzt endgültig leid, wenigstens als Lederschuh. Die Kinder haben dauernd hinten den Strumpf kaputt und meistens auch 'ne Blase an der Ferse. Das Maß ist reichlich, so dass die Schuhe auch nächstes Jahr wohl noch passen. Jetzt sollen sie auch noch doppelte Wollstrümpfe drin tragen. Die Schuhe, die wir jetzt schon haben, sind aber noch zu groß zum Anziehen. Nimm also die Schuhe nicht größer als das Maß ist. Ich habe die Schuhe mit einem Stöckchen innen gemessen. Die mitgeschickten Stoffschuhe für Mechthild sind in*

Ordnung und behalte ich für den Sommer. Pantoffeln brauchen sie vorläufig keine. Dass Du ein Paar schöne kräftige Schuhe bekommen hast, freut mich. Deine gelbe Jacke habe ich aber noch nicht sauber. Ich hatte sie schon einmal mit der Hand gewaschen, kriegte sie aber nicht sauber. Die Waschmaschine war kaputt.

So, nun gute Nacht und liebe Grüße von Deiner

Erna

# 1945

## Winter 1944 / 45 – Kummer und Einquartierungen

Die nächsten Briefe überspringen Weihnachten. Definitiv kann ich mich hier auch an nichts erinnern, ich war noch zu klein. Zum Geburtstag meiner Mutter im Februar muss mein Vater aber wieder eine Möglichkeit gefunden haben für einen kurzen Besuch, den er dieses Mal wohl in einem Autobus unternehmen konnte.

Meine Eltern haben sicher viel miteinander gesprochen. Über die Lage, die Situation, die Verfassung und den Gemütszustand meiner Mutter, weil sie in den nächsten Briefen um Verständnis, ja, bald um Entschuldigung für ihr Verhalten bittet.

Die Namensabkürzungen im nächsten Brief gehören wohl zu Familien, die meine Mutter auch noch im Dorf unterbringen sollte.

*Brief vom 17./18. Februar 1945*

*Lieber Heinz,*

*dass Du hier warst, kommt mir fast vor wie ein Traum. Es war ja auch nur so ein Husch. Aber gefreut haben wir uns doch, nicht wahr? Du und ich und auch die Kinder. Hoffentlich hast Du Angelas Unart vergessen und nicht schwer genommen. Es war doch nur eine kindliche Unart. Das Schlimme daran war, dass sie eben im ungeeignetsten Augenblick passierte. Ich musste mich nachher ordentlich zwingen, nicht allzu böse mit ihr zu sein. Auch Oma habe ich noch nie so ärgerlich auf ihren Liebling gesehen wie vorgestern. Sie war auch ganz zerknirscht.*

*Gestern Morgen war ich froh, dass es tüchtig nebelig war. Da konnten die Flieger den Omnibus so leicht nicht sehen, aber mittags schien wieder die Sonne, da wart ihr noch nicht zu Hause. Ich will aber auf unseren kleinen Schutz-engel vertrauen und hoffen, dass auf der Fahrt alles gut gegangen ist. Gestern war ich beim Zahnarzt und musste mich tüchtig quälen lassen, schließlich bekam ich noch zwei Spritzen. Meine Zähne sind nicht mehr viel wert, von außen nur ein kleines Loch, und wird der Zahn angebohrt - von innen alles hohl. Schöne Aussichten!*

*Ich möchte Dir nun gerne Deinen Brief beantworten, von dem Du meinst, ich könnte daraus Verschiedenes falsch auffassen. Ich möchte ja lieber mit Dir darüber sprechen, aber wer weiß, wann Du wieder nach hier kommen kannst. Im Großen und Ganzen hast Du mit allem recht. Über das "Zu-Hause-Sein" hier bei uns habe ich nicht anders ge-dacht als Du auch. Und alles, was Ulrich betrifft, ist auch richtig und habe ich mir selbst auch schon mehr als einmal gesagt und immer wieder darüber nachgedacht. Wenn es in meiner Macht stände, ich würde ihn nicht zurückholen und ihn diesem ganzen "Dreck" - wie Du schreibst - und dieser ungewissen Zukunft aussetzen, dazu habe ich ihn zu lieb und bin ich nicht selbstsüchtig genug. Aber dass mich die Sehnsucht nach unserem Jungen manchmal noch mit derselben Schwere überfällt wie 14 Tage oder 3 Wochen nach seinem Tode, daran kann ich nichts ändern. Ich nehme mich zusammen, mich hat noch keiner schreien gehört und außer Dir noch keiner fassungslos gesehen. Und die stillen Tränen, wenn ich alleine bin, tun auch wohl unserem Jungen nicht weh. Das einzige Merkmal ist, dass ich wohl noch stiller geworden bin als ich früher schon war.*

*Siehst Du, und auf dieses Konto habe ich es auch damals geschoben, als ich fühlte, dass etwas in der Luft lag. Ich sagte mir eben, dass es an mir läge, wenn Du bei andern Leuten die Unterhaltung suchtest, die Du bei mir nicht fändest und nahm auch an, dass es Absicht von Dir war, dass Du so lange - bis in den halben Abend rein - bei*

*Drechsels geblieben warst. Ich habe es Dir nicht übel ge-*
*nommen, nein, aber ich war doch sehr betroffen davon*
*und war unfähig, diesen ganzen Zustand zu ändern oder*
*überhaupt davon zu sprechen. Du weißt ja, ich packe so*
*leicht nicht aus, ich verarbeite das immer selbst mit mir.-*

*Heinz, und das Rumbalgen mit den Kindern habe ich Dir*
*noch nie verwehrt. Ich habe nur immer bremsen müssen,*
*das habe ich aber schon beim Ulrich und auch früher in*
*Holten immer tun müssen. Denn es gab meistenteils zum*
*Schluss Tränen. Du musst es mal so auffassen, nicht Du*
*musst mit den Kindern balgen, sondern die Kinder mit Dir.*
*Die kleinen Dinger werden es eben eher leid als Du. Dann*
*ist's nur noch Zerren und Gekreisch. Für denjenigen, der*
*zuhört, ist das 'ne kleine Nervenprobe, aber ich verspre-*
*che Dir, Dir beim nächsten Mal diesen Spaß nicht zu ver-*
*derben. Nun nimm Du mir dieses alles jetzt aber nicht*
*krumm.*

*Mitentscheiden, lieber Heinz, wen Du in die dortige Woh-*
*nung aufnehmen kannst oder nicht, das kann ich doch von*
*hier aus wohl nicht. Ich kann Dir höchstens meine Mei-*
*nung dazu sagen. Wildfremde Leute kommen ja wohl*
*kaum in Frage. Bei Bekannten (für mich unbekannt)*
*kannst Du doch nur allein entscheiden, ob Du es tun*
*kannst oder nicht. Jetzt wird ja auch wohl kaum noch so*
*ein Fall eintreten - wenn Fräulein W. bleibt - denn das*
*Haus ist nun wohl voll genug, wenn auch nicht gerade*
*gerammelt voll, wie sie hier sagen. Wenn Frl. W. bleibt,*
*musst Du ihr wohl das Zimmer oben abtreten. Eine Frau*
*muss sich auch mal einschließen können. Wenn Du doch*
*im Bunker oder auf dem Sofa schläfst, lässt sich das doch*
*machen.*

*18. Februar*

*Hast Du heute auch daran gedacht? Aber nein! Den ganzen Tag habe ich geglaubt, es wäre ein halbes Jahr, seit Ulrich von uns gegangen ist. Nun gerade komme ich darauf, dass es erst 5 Monate sind. Von dem Leid dieser 5 Monate wird wohl ein Teil aufgewogen durch die Angst und Sorge, die wir uns um den lebenden Ulrich in dieser, besonders der letzten, Zeit gemacht hätten. Ja, er ist wohl gut aufgehoben. Man müsste den beiden Kleinen das ja auch gönnen und wünschen, aber kannst denn Du das?*

*Unterbringen kann ich hier niemand, ob Frau H. oder Marta R.. Flüchtlinge (es kommen ab und zu welche von Osten und Westen) werden irgendwie untergebracht. Die damals für Recklinghausen beschlagnahmten Zimmer sind ja noch lange nicht alle besetzt. Tante komme ich nicht damit. 1. sind die Zimmer zu schlecht und unmöbliert, 2. hofft Tante, dass sie dran vorbeikommt und da will ich ihr nicht dazwischen reden. Wer weiß welches Loch Marta oder Fr. H. zugewiesen kriegten. Ein Dach über den Kopf werden sie wohl kriegen, aber sonst zweifelhaft. Ich möchte allen helfen, aber ein bestimmtes Quartier kann ich ihnen doch nicht versprechen.*

*Schade, dass Frau F. noch dazwischen kam und uns die letzten paar Minuten noch nahm. Ich hätte Deinen Brief gern noch vorher richtig gelesen und Dir einiges gleich beantworten mögen. So muss es nun schriftlich gehen. Ich denke mir auch, dass wir beide unsere Briefe nicht falsch verstehen werden. Ich kann mir gut vorstellen, wie Dir unter den heutigen Zuständen zu Mute ist und dass Du endlich einmal die Geduld mit mir verloren hast. Du hast's ja schon oft versucht, mich aus - wie soll ich es nennen - aus meinem selbstsüchtigen Kummer herauszureißen. Ich habe es auch eingesehen und selber an mir gerüttelt. Aber solche geschriebenen Worte, so schwarz auf weiß wirkt es*

82

*viel eindringlicher. Vielleicht, weil ich die ersten Seiten Deines Briefes wohl zwanzigmal gelesen habe. Vielleicht ist auch die große Helferin "Zeit" am Werke. Ja, ich kann mir auch wieder vorstellen, dass unsere gemeinschaftliche Zukunft uns noch manche Freude und manches Schöne bringen könnte, wenn Gott es nicht anders mit uns beschlossen hat.*

*Alles andere will ich Dir im nächsten Brief beantworten. Es ist sehr spät, 12 Uhr durch und der Brief muss morgen mit weg, sonst kommt er möglicherweise zu spät an.*

*Behalt mich lieb, auch wenn ich manchmal nicht so bin, wie Du mich gern haben willst. Ich habe Dich auch lieb und wünsche nichts mehr, als dass wir, wenn alles andere böse ausläuft, wir wenigstens zusammenbleiben dürfen. Gute Nacht, mein Heinz, Deine*

*Erna.*

*Frl. W. grüße bitte und sage ihr, ich schriebe ihr das nächste Mal mit.*

## Tiefflieger und Kriegsende (Febr. – August 1945)

Im folgenden Brief gibt es Mäusealarm im Schlafzimmer, Alarm bei Mamas Zähnen und neue weibliche Holzfäller im Wald.

*Brief vom 21.-25. Februar 1945*

*Lieber Heinz,*

*ich wollte es ja so machen, wie Du es gerne haben wolltest, und Dir jeden Abend ein paar Zeilen aufschreiben. Aber ich wurde gestern und vorgestern von Zahnschmerzen geplagt, die nicht mehr schön waren. Da bin ich früh ins Bett gegangen. Eine Tablette hat mir dann auch zum Einschlafen verholfen. Nun habe ich eine Wurzelfüllung gekriegt, der Zahn ist in Ordnung. Aber da ist noch so ein übler Bursche, hat schon die 2. Einlage, der ist nicht echt und macht mir noch zu schaffen. Aber auch das geht vorüber. Ist mein Brief von der vorigen Woche angekommen?*

*Wenn ich mir die dortigen Verhältnisse vorstelle, ich meine, Eure Lebensweise mit allem Drum und Dran - Alarm - Dreck, außen und im Hause, Essenssorgen, die fremden Leute im Hause usw. usw., dann komme ich mir hier fast ein wenig schuldbewusst vor, dass wir es hier noch so gut haben, auch von Fliegern verhältnismäßig wenig belästigt werden. Ich weiß jetzt, dass Ulrichs Grabhügel mich nicht zurückhalten dürfte, nach Holten zu kommen und Dir das Leben, soweit es in meiner Kraft stände, erträglicher zu machen. Aber das ist ja nun der beiden Kleinen wegen nicht möglich.*

*22.2. Heute geht's weiter. Gestern abends gab es Gebrüll im Schlafzimmer, weil eine Maus geknabbert hatte. Wohl oder übel musste ich mit ins Bett und mit dem Schreiben war es aus. Heute waren wir bei Tante Wolle zupfen mit*

*Kaffee und Kuchen. Oma, Hilde und noch zwei andere Frauen, ich und die Trabanten natürlich.*

*Zwischendurch vor Tieffliegern im Keller gesessen. Wenn Du nun von Orten an der Weser was hörst - also, bei uns ist nichts passiert, es galt den Brücken u.a. in Karlshafen, Beverungen und den größeren Bahnhöfen Wehrden, Ottbergen usw. Die Brücken sind heil geblieben, dafür hat es leider, auch in Karlshafen, ein paar Todesopfer gegeben. Dabei soll auch ein evakuiertes Kind furchtbar verletzt sein, dass es auch sterben wird. Ja, das ist für die Eltern wohl furchtbarer, als für uns unseres Jungen wohl plötzlicher, aber für ihn ruhiger, schmerzloser Tod war. Ach Heinz, ich kann mir seine Bilder immer noch nicht ruhig ansehen.*

*24.2. Ich bin ziemlich lahm heute, aber ein paar Reihen will ich Dir doch schreiben. Hilde und ich sind unter die Holzfäller gegangen. Schimpf nicht, aber Kohlen gibt's keine mehr und die Gemeinde verschafft uns auch kein geschlagenes Holz mehr. Also: Hilf Dir selbst. Die Geschichte geht so zu: Man geht in den Wald, trifft irgendwann den Förster. Der reißt dir Bäume an. Das Umschlagen, Zersägen und Aufmetern ist dann eigene Sache, pro Familie 3 Meter. Für Hilde und mich also 6 Meter. Heute haben wir von 1 bis 4 Uhr (der Förster kam erst gegen Mittag) rund 2 Meter geschafft. Robert war natürlich mit, sonst .... na ja. Wir haben es angefangen und werden auch fertig werden, trotz Muskelkater und Blasen an den Händen. Wir brauchen auch nicht mehr zu schlagen, als was wir wirklich bekommen, im Gegensatz zu früher. Montag vielleicht auch noch ein paar Stunden. Dienstag sind wir fertig. Heute ist Else angekommen, hatte Glück gehabt. Vorgestern mit dem Auto bis Salzkotten, dann heute mit Personenwagen (Militär) von Salzkotten bis vor die Haustüre bei Tante.*

*Sonntag. Gestern war ich doch sehr müde und habe aufgehört zu schreiben. Ich habe gestern und heute mit Post von Dir gerechnet, leider umsonst. Frau D. war glücklicher. Hintenherum hörte ich nämlich, ihr Mann habe geschrieben, Du seiest zum Volkssturm eingezogen. Ich mache mir aber gar keine großen Sorgen, denn Du hast ja davon gesprochen, wie es damit steht, und nehme an, dass Du evtl. nur zur Ausbildung herangezogen bist. Natürlich warte ich nun mit noch größerer Spannung auf Deinen Brief. Aber man sollte doch besser den Schnabel halten. Morgen geht es wieder ins Holz. Die beiden Jägers - Jungen gehen mit. Das sind ein paar prächtige, fleißige Jungen, nebenbei auch schon erfahrene Holzhackerbuben, die tun es gerne. Da werden wir mit 5 Mann unsere 6 Meter morgen wohl fertig kriegen.*

*Else bleibt 6 Wochen hier. Sie ist sehr mager geworden und hat noch allerhand Beschwerden. Mit der Bestrahlung bei mir ist es seit einigen Tagen aus. Der Zahnarzt hatte durch Bombenschaden in der Nähe keinen Strom, und nun muss erst das Holzen im Walde auf die Seite geschafft werden Bis dahin werden wohl die Leitungen in Karlshafen wieder in Ordnung sein. Vielleicht ist dann auch die Bestrahlung nicht mehr nötig. Es hat sich sehr gut gebessert, ist nur noch wie ein kleiner Schnupfen.*

*Den Kindern geht es gut, sie fragen manchmal, ob denn Papa nicht bald einmal wieder käme. Och Angela, sagt Mechthild gestern, plötzlich (neuestes Schlagwort) isser da. Dann schellt er einfach und Mama muss aus dem Bett aufstehen. Und wie gern ich aufstehen würde! Könnte ich doch jeden Tag nur ein Sekunde zu Dir rübergucken wie es Dir geht! Ich wünsche Dir nun, mein lieber Heinz, immer wieder von neuem alles Gute, schicke Dir viele liebe Grüße und küsse Dich herzlich. Deine*

*Erna.*

86

Bis August liegen keine weiteren Briefe an meinen Vater vor.

In der Siedlung gab es in der Wohnung kein Klo. Wohl aber ein luftiges Plumpsklo im Ziegenstall. Manchmal zogen wir Mädchen es aber vor, direkt auf die Miste hinter dem Stall zu gehen. Denn im Stall gab es Zuschauer, die Ziegen! Das Klo lag im 90 Grad Winkel zum Holzverschlag der Ziegen. Diese schauten über ihr Gatter und schoben mit ihrem Maul die Klotüre wieder auf (wir durften diese nicht verriegeln). Dabei meckerten sie und wippten mit dem Kopf, so dass der lange Bart unter dem Kinn heftig zitterte. Von dieser Gesellschaft auf dem Klo wusste meine Oma. Zitterte ich mal vor Kälte, nannte sie mich: "Alte Frierhippe!"

Hin und wieder schickte uns meine Mutter ins Dorf, wir schlichen uns dann vorsichtig bis zu dem Hause an der Ecke der Siedlung, um dann urplötzlich loszurennen, um den laut schreienden, fauchenden Gänsen zu entwischen, die aus dem Garten auf uns losstürmten. Die Disziplin Wettlauf: Zwei kleine Mädchen gegen eine Schar Gänse, gewannen wir jedes Mal. Nach ein paar solcher Attacken durften wir eine ungefährliche Abkürzung nehmen. Am Ziegenstall und der Miste vorbei, durch den Garten und das kleine Tor, schon waren wir auf dem Deißelweg und ohne Gänseangriff unterwegs.

Eines Tages konnten wir mit zur Heuernte. Auf dem Rückweg überraschte uns ein Gewitter mit starkem Regen. Die Leute trieben die Pferde an und hielten vor dem Gartentürchen am Deißelweg. Wir rutschten vom Heuwagen runter, wurden aufgefangen, auf die Füße gestellt und in den Garten gescheucht. Als wir meine Mutter sahen, die uns entgegenlief, fingen Angela und ich laut an zu weinen. Wir standen plitschnass vor ihr, um uns herum bildeten sich Wasserpfützen. Wir meinten, nun bekämen wir

Schimpfe, weil die neuen Spielhosen so nass waren. Aber meine Mutter kniete sich zu uns runter, schloss uns fest in die Arme und lachte, lachte heilfroh, dass sie uns beide wohlbehalten wieder hatte. Das war das erste Mal, dass ich sie nach dem Tode meines Bruders habe lachen sehen.

Irgendwann wanderten wir zum Hugenottenturm, der oberhalb von Karlshafen im Wald lag. Von dort gab es einen herrlichen Blick auf die Weser, den Solling und das Städtchen. Unten marschierte eine blauuniformierte Mädchengruppe durch die Straßen. Ihr Gesang drang bis zu uns hinauf. Auf meine Frage, wer das sei, und die Antwort meiner Mutter, das seien BDM Mädchen, folgte prompt meine Aussage, da wolle ich auch hin. Aber meine Mutter bestimmte, dass ich d a in keinem Falle hingehen durfte.

Irgendwann im Sommer tobten wir mal im Obstgarten der Tante herum. Der lag gegenüber vom Haus auf der anderen Straßenseite unterhalb der Böschung und war mit einem hohen Maschendrahtzaun umgeben. Im verschlossenen Tor befand sich unten ein Loch. Hierdurch zwängten wir uns rein und raus, normalerweise. Dieses Mal hörten wir Tieflieger kommen, vor lauter Angst und Aufregung fanden wir das Loch nicht mehr. Unser Gebrüll war wohl lauter als der Lärm der nahenden Flugzeuge. Jedenfalls rettete uns Fred, der Nachbarsjunge, in letzter Minute. Vor Tieffliegern hatten wir höllische Angst. Auch auf dem Rotsberg überraschten sie uns mal, wir rannten zum nahen Waldrand. Im Schutz der Bäume hörten wir ihr Dröhnen und beobachteten die schweren großen Maschinen, die tief über die Felder flogen.

In der Zeit seit dem letzten Brief eroberten die Westalliierten Westdeutschland; am 27.3.45 marschierten die Amerikaner in Holten ein [1] und rückten weiter u.a. über Herstelle bis zur Elbe (Torgau 25.4.45 [2]) vor.

In Herstelle waren daher Amerikaner stationiert.

Panzer hatten wir Mädchen noch nie gesehen. Zu der Zeit schickte uns meine Mutter ins Dorf zum Bäcker. Wir zogen ein kleines, grünes Bollerwägelchen mit roten Rädern, auf das uns Mutter einen Brotteig, in Tücher eingeschlagen, gelegt hatte. Im Dorf angekommen sahen wir plötzlich vor uns die Panzer auf der Dorfstraße. Nun starteten wir einen Endspurt quer über die Straße, so dass das Wägelchen hinter uns vor Freude hüpfte. Glücklich wollten wir meinem Onkel, dem Bäcker, den Teig übergeben, aber - der fehlte, war einfach weg! Mein Onkel schickte uns zum Suchen zurück. Wir fanden unsere verlorene Ladung am Straßenrand und gaben den Teig, ob mit oder ohne Dreck, dem Onkel. Der erzählte später, die Amis hätten herzhaft über die beiden kleinen blonden Mädchen gelacht. Was wir nicht bemerkt hatten, die Panzer standen nämlich, die Soldaten waren ausgestiegen und hatten uns beobachtet.

Tage später ratterten Panzer in die Siedlung, und neben jedem Haus stand einer in der Einfahrt. Angela und ich freundeten uns mit den Soldaten an. Sie schenkten uns, wie Angela sagte, schwarzes Brot, das wir gleich zur Mutter raufbrachten. Die fiel aus allen Wolken, es war Schokolade! Wir wurden sofort ins Dorf geschickt, um Milch bei Tante zu holen. Wir kamen mit Milch und Tante Else, die auf Besuch bei Oma war, zurück. Anschließend tranken wir leckeren Kakao und die Schokolade schmeckte uns auch prima.

Wir versuchten, den Amerikanern Deutsch beizubringen. Die Soldaten hingen meistens im Haus herum, rauchten, kauten Kaugummi oder "schwarzes Brot". Oft liefen wir runter und zogen sie nach draußen. "Komm mit vor die Tür" hieß unsere Parole. Standen wir im Hof, fragten sie, was „**vortür**" hieße! Na, hier, und wir zeigten auf den Boden. Kapiert? Das waren unsere Erlebnisse mit den Amerikanern während der sogenannten Überrollung.

Damit war für uns der Krieg vorbei – dachte man. Mit dessen Folgen hatte man ja noch lang zu kämpfen.


Deutschland wurde in Verhandlungen in vier Zonen aufgeteilt: der amerikanischen, der britischen, der sowjetischen und der französischen Zone [2, S.278 ff]. Daher erwähnt meine Mutter in folgenden Briefen die Kontrollen an den Grenzen, wobei dort an der Weser zwei dieser Zonen zusammenstießen, nämlich die britische und die amerikanische [3]. Herstelle lag dann in der britischen Zone, während Karlshafen, Langental & Helmarshausen „amerikanisch" waren. Die russische Zone war etwas weiter östlich. Oma sagte später, wir hätten im „Dreiländereck gewohnt", was sich aber wohl auf die drei späteren Bundesländer Niedersachsen, Nordrhein-Westfalen und Hessen bezog, die genau an der Weser zwischen Herstelle und Karlshafen aneinanderstoßen. Heute ist Thüringen nicht weit.


Meine Mutter erwähnt (s.u.) auch den Umzug der amerikanischen Soldaten nach Langental (in der amerikanischen Zone [3] bzw im späteren Bundesland Hessen): Das sind wohl die Truppenentflechtungsvorgänge, da die Besatzungszonengrenzen von den Siegermächten, die unterschiedlich schnell vorgerückt waren, erst verhandelt wurden [2]. Die Übernahme durch die Briten wird im Brief vom 5.10.45 erwartet. Die Russen, von denen die Rede im nächsten Brief ist, sind die (ehemaligen) Zwangsarbeiter.

## Unsichere Planungen und Wintervorbereitung (Sommer 1945)

Im folgenden langen Brief beantwortet meine Mutter die noch längere "Epistel" von meinem Vater. U.a. überlegt er wohl, seine Stellung im Werk zu wechseln. Als Maschinenbauingenieur hofft er, in Karlshafen eine neue Arbeitsstelle zu bekommen. In diversen folgenden Briefen erwähnt sie das auch. Bad Oeynhausen, Emschergenossenschaft in Essen, auch Bayern kommt mit in die Auswahl. Das beeinflusst natürlich auch die Frage einer baldigen Rückkehr nach Holten; auf jeden Fall sei wegen der Ernährungslage im Ruhrgebiet die Ernte in Herstelle noch abzuwarten, meint meine Mutter, sowie die „Einquartierungen" anderer Familien im Holtener Haus zu klären.

*Brief vom 13./14. August 1945*

*Lieber Heinz,*

*ob ich eine lange Epistel zusammen bringe wie Du, weiß ich nicht. Aber ich will mein möglichstes tun. Ja, mit dem Brief durch Frau Sch. in Beverungen hat es nicht geklappt. Aber es war ja nicht meine Schuld, dass ich sie nicht selbst traf, sondern nur eine Verwandte von ihr. Und noch einmal nach Beverungen zu fahren, hielt ich nicht und halte ich auch jetzt nur in allerdringendsten Fällen für ratsam. Eine Frau aus der Siedlung ist nämlich ihr Fahrrad an der Futtermauer* (befestigte Straße am Hochufer der Weser) *ganz einfach losgeworden. Meine Karten werden ja auch schließlich einmal dort ankommen. Ich weiß nicht, wie lange so eine Karte heute unterwegs ist. Von Dir ist durch die Post auch noch nichts angekommen (falls Du den Weg schon versucht hast).*

*Ich will nun mal Deinen Brief Blatt für Blatt beantworten, sonst vergesse ich die Hälfte. Mangels Gedankentraining verblödet man hier so langsam (hast Du vielleicht auch schon festgestellt). Wie sehr ich nach etwas anderem verlange als nur Kochen, Putzen, Einkaufen, Einkochen, Ackerbau, kurz: körperlicher Betätigung, bewies mir mein Ärger am vergangenen Sonntag. Da hatte ein junger Pater oben aus dem Kloster in der Dorfkirche ein Orgelkonzert gehalten, Tante wusste es kurz vorher auch. Es war zwar nicht besonders bekanntgegeben worden, aber Tante ging hin. Oma, die sich in letzter Zeit nicht wohl fühlt, lag zu Bett, und von den anderen hielt es keiner für nötig, bzw. dachte überhaupt keiner dran, mir Bescheid zu sagen. Ich habe tatsächlich vor Enttäuschung geheult.*

*Im Übrigen geht es mir wie Deiner Nachbarin Frau B.: Ich bearbeite tagsüber Bohnen und träume des Nachts wieder von Bohnen - Bohnen - Bohnen. Sämtliche Gläser sind voll, 40 Pfd. sind im Fass, ca. 30 Pfd. getrocknet, weitere 30 Pfd. noch im Keller, sollen auch getrocknet werden, und dabei hängt die 2. Ernte auf den Stangen schon wieder voll. Dabei habe ich im Merksfelde überhaupt noch keine gepflückt. Ich muss nun alles notgedrungen reif werden lassen, weil ich sie so schnell nicht getrocknet kriege.*

*Dabei muss ich es eben darauf ankommen lassen, ob mir was gestohlen wird. Das Fallobst muss auch schnellstens zwischendurch verarbeitet werden, sonst fault es. Dass ich 2 Tage auf dem Hasselhof Bohnen gepflückt habe, schrieb ich Dir schon, 155 Pfund gepflückt, davon 40 Pfd. für mich. Ich hätte es nicht nötig gehabt, so prima waren bzw. sind meine eigenen Bohnen. Da ich gerade vom Hasselhof spreche: Ist da noch was abzurechnen zwischen Kaiser und Dir, Gemüse, Kartoffeln, oder ist alles klar?*

*Von mir wäre also weiter nichts zu sagen, als dass zu der oben genannten Verblödung noch ein dickes Fell hinzuge-*

kommen ist (von wegen Sofa-schlafen und so). Aber darüber wollen wir uns lieber nächstens unterhalten - mündlich, meine ich, schriftlich geht das nicht gut. Und ich brauche Dir doch wohl nicht immer wieder versichern, dass mir dieser Zustand ebenso wenig behagt, wie Dir, und dass meine Umquartierung nach hier doch nur der Kinder wegen erfolgt ist.

Nun aber mal zu Deinem Brief: Ich bin sehr erstaunt, dass F. seine Frau und Kinder heimholt, wo er doch die Ernährungsfrage als äußerst schwierig hinstellt. An und für sich beneide ich Frau F.. Sie jedoch sagte mir, sie möchte nicht gerne, weil sie Angst hätte, dass sie die Kinder und Mann nicht satt bekäme, und hier wäre es doch ganz anders.

Bis jetzt habe ich noch kein Geld holen brauchen, werde aber nächstens von Karlshafen was abheben. Was Deine Stellung im Werk betrifft, so war ja wohl Ähnliches zu erwarten. Aber warum willst Du auf den Assistenten - Titel bestehen? Die Heruntersetzung ist ja nicht Deine Schuld und Du bist ja nicht allein davon betroffen. Hier in Deutschland wird jeder die Zusammenhänge kennen; oder willst Du vielleicht noch mal ins Ausland? Mach mich nicht bange, wir sind zu alt dazu.

Deine Mitteilung von Max und Familie freut mich für alle. Wenn wir nur von unserem Alfred auch mal ein Lebenszeichen bekämen. -Du warst also auch in Hattingen und W. war in Hattingen und beide hüllt Ihr Euch in Stillschweigen. W. hat alles vergessen, weiß nur, dass Else zu Bett lag, natürlich krank. Und Du schreibst kein Wort von Else. Ist das nun Zufall, oder ist da irgendwas faul. Auch Else hat noch nichts von sich hören lassen. Am Ende werde ich Oma zu Liebe noch selber nachsehen müssen, was los ist.

*Die Obstverbindung hast Du auch wieder aufgenommen? Vielleicht kriegst Du dort mehr als ich hier. Mit 15 Familien einen Birnbaum und mit 12 Fam. einen Apfelbaum, daran bin ich beteiligt mit 1 bzw. 2,50 RM. Ganz faul! Ich werde mich an Mia in Beverungen halten müssen. Hoffentlich klappt es mit Deinem Durchfüttern weiter. Ich habe Dir so ein bisschen was eingepackt, hoffentlich kommt der Karton mit und richtig bei Dir an. Ich habe noch Nudeln gemacht, dazu hat Frau Dachs noch ein Ei zugesteuert, weil ich nur noch eines hatte. Sollten die Nudeln nun ganz zerdrückt sein, was ich befürchte, dann koche sie in Milch (wenn Du hast) und iss die Geschichte als Suppe. Koche Dir die getrockneten Äpfel dazu mit 'nem bisschen Zucker, sie sind arg sauer. Grüße unsere Hausgenossen von mir und sage, ich freute mich, dass sie Dir mal ab und zu ein bisschen helfen.*

*Was Du mit Friedrich machst, weiß ich auch nicht. Wollt Ihr in einem Zimmer wohnen? Freundespflicht wäre es ja, ihn aufzunehmen, falls er nichts anderes findet. Aber seine Frau und die Kinder kannst Du nicht aufnehmen. Wenn L. ausziehen, kommen w i r nach Hause. Und Du hieltest das erst recht nicht aus. Krach und Unruhe von eigenen Kindern hält man zur Not aus. Aber von fremden Kindern!*

*Wie ich über das Heimkommen denke? Also das Einkellern und Einmachen muss auf jeden Fall erst hier besorgt werden. Wenn dann L. ausziehen, kommen wir nach Hause. Immer können wir doch nicht hierbleiben. Und könnten wir uns statt der Kaninchen nicht eine Ziege und evtl. auch ein paar Hühner halten? Halb verbauert bin ich ja schon und melken werde ich auch lernen können. Die Kinder betteln fast jeden Tag: Der Papa soll uns doch nach Hause holen. Sie haben Sonntag großmütig auf ihre Milch verzichtet und schwarzen Kaffee getrunken, weil ich die Milch für die Nudeln brauchte. " Der Papa hat doch sooo*

94

Hunger, nicht Angela", sagt die Dicke. Angela ist in der Schule angemeldet und Mechthild brüllt schon im Voraus und will nicht allein in den Kindergarten gehen. Bei Tante, bis auf Oma, auch alles in Ordnung.

Willi hat Grüße bestellen lassen, und er käme in den nächsten Tagen. Die beiden Russen müssen fort. Maria weinte dauernd, sie sagt, sie käme bestimmt nach Sibirien, weil sie freiwillig nach Deutschland gekommen sind. Arme Menschen ohne Heimat!

Frau D. hat einen Garten nur zum Abernten oben am Kloster irgendwo rum, nicht an der Weser, gekriegt, den Hartmann im Herbst wieder umpflügt. Na ja, hast doch schon mal was von Mücke und Elefanten gehört? Weizen und Hülsenfrüchte hoffe ich auch zu kriegen. Ich muss auch mal nach Körbecke.

Die Einquartierung ist von hier nach Langental verlegt. Es hat hüben und drüben schweren Abschied gegeben. Hier sei es schön gewesen, und Langental sei so stinkig. Angela und Mechthild haben sich zwei Freunde angeschafft und sind auch auf ihre Kosten gekommen. Im Großen und Ganzen haben sich die Amis wohl anständig aufgeführt. Es sind eben Soldaten wie's unsere auch waren.

Die Fahrradteile habe ich heute alle nach F. gebracht. Schläuche, Decken, Vorderradnabe, Speichen mit Nippel, 2 Kettenspanner und Zahnkranz. Alles andere, was Du noch haben wolltest, habe ich mit in den Karton getan. Ich hoffe, nichts vergessen zu haben. Nun hätte ich Dir auch gern einen großen Sack Kartoffeln mitgegeben. Aber es ist unmöglich, jetzt Kartoffeln auszumachen, es ist nicht nur nass, es ist schlammig. Ich habe versucht, welche zu leihen, aber es hat keiner welche übrig. Sie machen alle nur so viel aus, wie sie gerade selbst brauchen und wollen alle besseres Wetter abwarten. Ich kann Dir also nur den Rest *von den Hasselhofer Kartoffeln mitschicken. Das ist doch wenigstens etwas.*

*Den kleinen Herd von Oma haben vor 8 Tagen W in Benutzung genommen. Tante hat ihnen die 2 kleinen Zimmer oben überlassen. Oma ärgert sich nun, dass Dein Brief 8 Tage zu spät kam. Aber abnehmen kann man ihnen den Herd ja nun nicht mehr gut. Schade! Den Schlitten haben wir auf dem Boden wiedergefunden, in einer anderen Ecke, es standen Bretter, Gartentische u. -stühle davor. Es muss ihn wohl der junge Dachs, als er damals die Fußbodenbretter oben verlegte, umgepackt haben. Er hat in Meinbr. bei der Eisenbahnbrücke Arbeit angenommen. Es ist hier eine Nachtwache eingerichtet worden, je 8 Mann, wegen der Plünderungen durch Polen. Hoffentlich geht alles gut. –*

*Bei den Lebensmitteln ist für Else dabei: Das Brot, die runde Wurst und das kleinere Paket Butter. Oma hatte noch mehr Fleischmarken drauf und ich nur noch von der letzten Woche. Mogeln können wir da nicht. Ob Du wohl Sonntag damit nach Hattingen fahren kannst? Es liegt Oma sehr am Herzen. Statt Marmelade kann ich Dir noch Johannisbeergelee schicken, hatte von Dachs noch mal 5 Pfd. Johannisbeeren gekriegt und meinen letzten Zucker dazu verbraucht. Wir brauchen nun seit 14 Tagen nur noch Süßstoff. Das geht auch mal vorübergehend. Hoffentlich schmeckt Dir nun auch alles recht gut.*

*Du musst mir aber beim nächsten Kommen unbedingt ein paar Säckchen mitbringen. Ich habe keine mehr und auch keinen Stoff, um welche zu nähen. Wenn Du noch Gläser mitbringst, achte auf die richtigen Deckel, habe ein paar mit falschen Deckeln dabei. Kommst Du wohl an eine Glühbirne für die Küche? Die jetzige ist zu schwach. Es wird abends schon wieder früh dunkel und bei dieser Birne kann ich nicht arbeiten.*

96

14.8. Nun wollte ich heute Nachmittag versuchen, noch Kartoffeln auszumachen, weil es heute ausnahmsweise mal nicht geregnet hatte. Da kriegte ich Bescheid, dass die Birnen gepflückt werden sollten. Da musste ich doch dabei sein. Dachs hatten andere Bäume und pflückten heute noch nicht, sonst hätte ich sie gebeten, meinen Teil mitzubringen. Aber ich glaube auch sowieso, dass der Boden doch noch viel zu nass ist. Es hat 20 Pfd. Birnen und ein paar Hände voll Fallobst gegeben. Doch besser als wir erwartet hatten. Jetzt gerade bringt mir Mechthild beiliegenden Brief von Lissy in Körbecke, den wohl ein Bote mit nach Tante gebracht hat. Hier kann es sich sehr gut um einen Verwandten von Frl. A. handeln. Ich glaube, Du hast mir auch mal gesagt, dass ein Bruder von Frl. A. Hauptmann ist, kann aber auch Einbildung sein. Lissy wird sich jedenfalls sehr freuen, wenn Du ihr die Anschrift des Genannten mitteilen könntest. Komischer Zufall, dass der Brief gerade jetzt ankommt, nicht? Oma hat auch an Else einen Brief beigelegt, den Du wohl besorgst. Alle lassen Dich nun herzlich grüßen, auch Dachs. Von uns Dreien lass Dich herzlich in den Arm nehmen und Dir einen festen Kuss geben und das ganz besonders von Deiner

Erna.

Speckschwarten .... , ja, die kriege ich schon lange nicht mehr. Man ist jetzt auch sparsam geworden und verbraucht sie selber. Ich hätte Dir gerne welche mitgeschickt. Deine Erna ..


Brief vom 23. August 1945

Lieber Heinz,

danke für den Brief, den D. mitbrachte. Nun hoffe ich aber bestimmt, dass Du selbst bald einmal wieder hier auf-

*tauchst. So lange hatte ich Dir gar keinen Urlaub gegeben. Herr D. meinte auf meine Frage, dass Du "auch wohl noch mal kommen würdest", (was ich schließlich selbst annehme). Ja, aber wann?*

*Morgen früh werde ich also mal wieder nachsehen, wie oft schon, ob F. fort sind oder immer noch nicht. Falls nicht, werde ich die Fahrradteile raus suchen, die Herr D. mitnehmen soll. Hoffentlich weiß Frau F., in welchem Paket oder Koffer ihr Mann die Fahrradteile verpackt hat, sonst sehe ich schwarz. Wir können unmöglich sämtliche Pakete und Koffer durchsuchen. - Schade um das „Fresspaketchen" ! Ich habe nun zum zweiten Male frisches Brot und Butter eingepackt. Auch die Wurst müsste an die Luft, sonst schimmelt sie. Die anderen Sachen vertragen ja das Eingepacktsein schon längere Zeit. - Meine Geldscheine hatte ich alle nachgesehen, früh genug; ich hatte auch nichts dabei. Es stand ja auch in der Zeitung (*unklar, was gemeint ist.). *Du fragst nach dem Schemel vom Spieker. Sollten meine Karten immer noch nicht dort sein? Auf einer der ersten schrieb ich es doch schon, dass ich ihn geholt habe. Ich habe bis jetzt 3 Karten durch die Post an Dich geschrieben. Else hat auch immer noch nichts von sich hören lassen. Ist Max inzwischen dort aufgetaucht?*

*Nun hoffe ich, dass diese Briefe endlich bald in Deine Hände kommen und nicht erst wieder durch allerlei Umstände hin und her gehen. Alles Gute und einen herzlichen Kuss von Deiner*

*Ema.*

*Frau P. hat die Mütze noch nicht fertig. Sie will aber bald darangehen. Bis jetzt sei noch so viel im Garten und Feld zu tun gewesen, und ihr Mann sei krank und könne nicht helfen. Da musst Du Dich noch etwas gedulden.*

Der Hinweis auf Frau P. an meinen Vater muss wohl eine verschlüsselte Mitteilung gewesen sein. In den nächsten Briefen wiederholen sich Hinweise, auch werden braune Mützen und ähnliches erwähnt. Eine Sicherheit, falls doch noch Briefe verloren gingen.

Meine Eltern erfanden alles Mögliche, um Briefe, Päckchen usw. zu befördern, um das Verschwinden derselben durch die Post zu vermeiden. Auch die Familien von Kollegen meines Vaters wohnten im Dorf. War ein Besuch an der Weser geplant (oftmals dauerte die Fahrt fast zwei Tage), nahm derjenige Post usw. für die anderen mit. Antwortbriefe wurden gleich wieder mit zurückgenommen nach Oberhausen.

Eines Tages polterte es an der Haustüre; da niemand zu Hause war, öffnete meine Mutter. Draußen standen Soldaten, einer stieß mit dem Gewehrkolben meine Mutter zur Seite, wo deutscher Soldat, wo Soldat? Sie stürmten herein und durchsuchten das ganze Haus. Ich hatte mich vor Angst hinter meiner Mutter versteckt, sie selber brachte vor Schreck keinen Ton heraus. Als die Horde wieder weg war, sackte sie auf der Treppe zusammen, sie war schneeweiß im Gesicht. Ich kann heute allerdings nicht mehr sagen, welcher Nationalität diese Soldaten waren. Eigentlich können es nur die amerikanischen oder britischen gewesen sein, während im nächsten Brief wohl die beiden russischen Zwangsarbeiter gemeint sind („…sind weg…"). Wo die die Wagen durchsuchenden Russen aktiv waren und welche Fahrer gemeint sind, ist mir ebenfalls nicht klar, da die russische Zone (die spätere SBZ) ja viel weiter östlich war. Allerdings hatte das Werk meines Vaters 1944 Niederlassungen im „…Harz und in Mitteldeutschland…" geplant [1, S. 35], was möglicherweise in Zusammenhang mit evtl. Kurier- oder Versorgungsfahrten der unten erwähnten Fahrer auch kurz nach dem Krieg steht. Hierbei wäre ja die Grenze zur russischen Zone überschritten worden, was die genannten Kontrollen durch Russen erklären würde.

In den Wäldern oben auf dem Rotsberg sammelten wir unter anderem auch Bucheckern. Meine Mutter brachte sie ins Dorf und erhielt dafür ein bisschen Öl.

## Wieder Heimweh (Herbst 1945)

Mein Vater kam oft auf grandiose Ideen. Bei einem Paket mit benötigten Einmachgläsern füllte er kurzerhand die Gläser mit K O H L E N. Meine Mutter war begeistert, bei einer Bekannten löste diese Aktion Wutanfälle aus.

In einem nicht vorhandenen Brief meines Vaters wird wohl die Wohnsituation in Holten so beschrieben, dass unsere Rückkehr erst einmal ausgeschlossen ist.

*Brief vom 03. September 1945*

*Lieber Heinz,*

*schon wieder ein Wochenende vorbei, ohne unsere Hoffnung erfüllt zu haben. Ich dachte diesmal bestimmt, Du würdest kommen, weil Dein "Chef" doch nun auch schon hier war. Familie F. mit Paket und Briefen werden ja da sein. Hoffentlich ist das Paket unversehrt bei Dir angekommen. Der Fahrer hatte Frau F. gesagt, dass die Russen oft die Wagen nach Lebensmitteln untersuchen. Es wäre doch schade drum. Und die Kartoffeln konnte ich auch wieder nach Hause holen. Deinen letzten Brief durch Herrn K. bekam ich erst, als alle schon wieder weg waren. Da konnte ich nun Deine letzten Angaben nicht mehr erfüllen ..... alte statt der neuen Fahrraddecken usw.. Im Übrigen hast Du schon recht: Irgendein Grund muss ja schon dafür da sein, dass man Familie K. nicht zu mir kommen lassen wollte. Ich habe also von Ks. nichts gesehen, hätte sie bestimmt gern die Nacht beherbergt. Die Kinder hätten eben bei Oma geschlafen und ich auf dem Sofa. Ich bin froh, dass es mit der Ernährungslage dort etwas besser geht. Wenn es nur weiter bergauf geht. Die Zeitung schreibt aber von einem kritischen Winter. Nun, ich tue hier mein möglichstes. Habe überhaupt nur noch Außendienst, z.B. wegen Obst - Birnen mehrfach nach Mia in Beverungen und Langental. In L. nichts gekriegt. Bei Mia 1/2 Ztr. Äpfel, ein paar große Taschen voll Fallobst und Birnen zum Trocknen. Zwetschen kriege ich vielleicht in Langental, sind noch nicht reif und soll noch mal wiederkommen. Dann sind wir ein paarmal in die Brombeeren gegangen, dann Holunderbeeren, dann wieder Pilze gesucht. Holunderbeeren, Schlehen und Pilze gibt's noch mehr, müssen noch öfter hinausgehen. Zwischendurch wollen die Gärten versorgt werden.*

*Dann habe ich noch mal Bohnen eingekocht, als ich die Gläserkiste kriegte. Das war mal ein famoser Einfall mit den Gläsern und den Kohlen. Frau D. hat Wutanfälle gekriegt, weil nicht ihr Mann, sondern immer wieder nur Du solche Einfälle hast.*

*Tante Veronika war hier mit dem Wagen und brachte Mehl und Grießmehl mit. Kartoffeln werden wir wohl zum Einkellern kriegen. Und dann fehlten mir nur noch ein fettes Schlachtschwein und ein paar dauerlegende Hühner. Dann würde ich beruhigt in den Winter gehen und könnte auch Dich prima mitversorgen. Aber gerade für die beiden Hauptsachen fehlt jegliche Aussicht. Im Garten steht alles ganz gut und ist noch vieles zu holen, evtl. einzukochen. Also die Ernährungslage für uns hier ist immerhin zufriedenstellend. D.h., Du bist immer mit einkalkuliert; wenn Du es Dir immer holen könntest so alle paar Wochen. –*

*Deine Eltern landen also zum guten Schluss doch noch bei Dir! Haben sie denn die beiden Räume bei Deinem Vetter wirklich nicht bezogen? Und L. kommen, und Friedrich kommt mit Familie! Sag mal, lasst Ihr dann den Dachboden ausbauen oder wie wollt Ihr wohnen? Na, wenn Du uns dann mal besuchst, dürfen wir sicher nur noch in Strümpfen um Dich herumschleichen, weil der Papa so nervös geworden ist oder richtig gesagt verrückt.*

*Aber Spaß beiseite. Du fragst, ob es mir recht ist. Was soll ich darauf sagen? Ich hatte auch Heimkehrgedanken, die mir trotz des einen wehen Punktes heimliche Freude machten (Du weißt ja, Ulrichs Grab). Ich habe nicht Heimweh nach unserer Wohnung! Nein, die ist mir so fremd wie etwa die alte im Bruchsteg, und wen und wie viele Leute Du darin aufnimmst, das ist Deine eigene Sache. Du musst ja mit ihnen zusammen wohnen. Ich hatte Heimweh nach dem alten guten Verhältnis zwischen uns beiden oder auch, kurz gesagt, nach Dir. Ich wollte zu D i r nach Hause. Ich dachte, wenn wir mit Kind und Kegel uns wieder zu Hause eingerichtet haben, dass dann mit den äußeren Verhältnissen der innere Kontakt zwischen uns beiden auch wieder hergestellt sein müsste. Verstehst Du wohl recht, wie ich's meine? Es gibt wohl verschiedene Ursachen zu solchen Verstimmungen, wie sie die letzte Zeit zwischen uns bestanden haben. Darüber lang und breit was zu sagen, ist wohl überflüssig. Da gibt's einen Ausspruch Cäsar Flaischlens: "Hüt' vor dem Alltag, was du Heiliges hast." Vielleicht war es zu sehr Alltag um uns herum. Heinz, ich habe für unser zukünftiges Zusammensein die besten Vorsätze. Wenn Du auch mithilfst, wird wohl wieder alles gut werden. Also alle diese Heimkehrgedanken sind nun mit Deinem Brief in alle Winde zerflattert. Es ist ausgeschlossen, dass ich in den Trubel auch noch hineinkomme. Da werde ich diesen Winter und vielleicht noch länger hierbleiben müssen. So, dass ich's nicht ver-*

*gesse: Dass Du Deine Eltern aufnimmst, ist wohl selbstverständlich. Das hatten wir ihnen ja schon vor 2 Jahren gesagt.*

*Uns geht es soweit gut. Es hatten alle, bei Tante, die Kinder, nur ich blieb bisher verschont, so eine Magen- und Darmgeschichte. Die ging im ganzen Dorf um. Sogar alle Schwestern im Kloster hatten es. Ist aber nun überstanden. Die Kinder hatten es nicht so schlimm. Nicht bettlägerig, sie waren nur ein paar Tage nicht in Ordnung.*

*Die Russen sind weg. Willi ist noch nicht da.*

*A. ist am Donnerstag fortgeholt worden. Es herrscht eine schlimme Stimmung im Hause. Sie haben in Höxter alles Mögliche versucht, der Pastor ist sogar mit gewesen, ihn frei zu bekommen. Bis jetzt vergeblich. Er ist jetzt in Recklinghausen, Lager 4. Nun haben Pater Odo, die Äbtissin, der Dechant, der Vorsteher sich mit ihren Unterschriften für ihn eingesetzt. Das Schriftstück ist auch weitergeleitet, nun bleibt der Erfolg abzuwarten. Ausgerechnet den A. erwischt es, der, wie der Pastor sich ausdrückte, nur durch die Verhältnisse zum SS – Mann gezwungen worden ist, es im Herzen aber nicht war. Und doch war es Verrat.*

*Ulrichs Grab steht jetzt in voller Blüte. Du wirst staunen, wie sich die beiden Astern entwickelt haben. Die Geranien sind prachtvoll auseinander gegangen. Die Nelken fangen z. T. zum zweiten Male an zu blühen, die Rose blüht immer noch. Die Begonien und Männertreu blühen auch über und über. Bald ist es nun ein Jahr her, dass wir ihn hergeben mussten. Es lässt nicht nach sich nach dem Kerlchen zu grämen. Und das wird auch wohl so bleiben.*

*Die Schule hat hier noch nicht begonnen. Ich weiß auch nicht, ob Angela jetzt bei Schulbeginn oder erst Ostern zur Schule kommt. Angemeldet ist sie schon. Mir wäre Ostern schon recht, dann brauchte das kleine Dingelchen nicht diesen Winter durch Schnee und Nässe zur Schule.*

*Nun dürfen die engl. Gefangenen, d.h. die Deutschen in engl. Gefangenschaft, auch schreiben. Hoffentlich kommt nun auch von Alfred endlich mal Lebenszeichen.*

*Angela lässt Dir sagen, Du solltest ihr endlich mal den Kindertisch mitbringen. Als ich sagte, die Züge wären so schrecklich voll, Du kriegtest den Tisch gar nicht rein, sagte Mechthild, dann solltest Du die Beine raushängen lassen. Ich habe nun ganz vergessen zu fragen, welche Beine, Papas oder die Tischbeine. Das bleibt nun Deiner Meinung überlassen. Übrigens quälen die beiden auch immer, sie wollten nach Hause. Ich auch. Schreibe bald wieder, aber nicht nach Beverungen, da komme ich jetzt doch wieder zu selten hin. Hier ist die Poststelle wieder voll in Betrieb. Bis zum hoffentlich recht baldigen Wiedersehen grüßen und küssen Dich herzlich Deine beiden kleinen Mädchen und Deine*

*Erna.*


Während Angela in die Schule ging, besuchte ich gleichzeitig den Kindergarten. Auf dem Weg dorthin kamen wir am Hof vorbei. Oma erwartete uns meistens und fragte, was wir auf dem Pausenbrot hätten. Was, nur saure Marmelade? Schnell wurden die Butterbrote gegen welche mit leckerer Wurst ausgetauscht.

Hier folgt wieder eine längere Zeit ohne Briefe nach Oberhausen.

## Trotzdem Planen und weitere Wintervorbereitungen (Okt.1945)

*Brief vom 05. Oktober 1945*

*Lieber Heinz,*

*als ich heute von Beverungen zurückkam, von wo aus ich Dir eine Karte abgeschickt habe, fand ich Deine Karte vor. Danke auch schön! Mir ging es mit dem Briefeschreiben wie Dir, ich kam nicht dazu. Hauptsächlich Schuld daran war die Hexerei mit dem Licht in der letzten Zeit. Abend für Abend. An - aus - an - aus. Na, schließlich bin ich dann immer früh ins Bett gegangen. Manchmal schon um 8 Uhr. Nächstens schreibt Angela Dir Briefe. Am 1. Oktober hat die Schule nämlich angefangen, aber folgendermaßen: Eine junge Lehrerin (frisch vom Seminar) soll die ersten 4 Schuljahre versorgen, jede Klasse jeden Tag eine Stunde. Für die oberen Klassen ist überhaupt noch niemand da. Frau Riemenschn. hat nämlich Antrag auf Entlassung gestellt. Also am 1. Okt. ging Angela in die Schule, kriegten 'ne Geschichte erzählt, am anderen Tag war's Fräulein krank und ist es noch. "Na, Angela, wie gefällt's dir denn in der großen Schule?" "Au fein, wir brauchen überhaupt nicht mehr hin"!*

*Die Bohnen von der Runkeldimme habe ich weggeholt, da war aber das Rindvieh drübergegangen, vielleicht auch zweibeiniges. Es war fast nichts mehr dran. Es ist nur gut, dass wir damals den größten Teil schon geholt haben. Wirsing und Weißkohl hat es noch ganz schöne Köpfe gegeben, die ich z. T. eingemacht habe. Das Fässchen ist übrigens mit dem halben Zentner Weißkohl nicht einmal richtig voll geworden. Es liegt am Drücken, meinte Opa Dachs. Na, da habe ich gedrückt und es ging wahrhaftig rein.*

*Wie ist es mit unserer Wohnung? Kommt Friedrichs Familie, er ist sicher schon da? Danke ihm für seine Grüße und grüße herzlich wieder. Die Engländer sind noch nicht da, sollen aber jeden Tag kommen. Außerdem 150 bis 200 Evakuierte aus dem Ruhrgebiet. Weißt Du noch nicht, was mit dem Werk und Deiner Stellung wird? Wenn man doch endlich etwas Bestimmtes wüsste. Ich wollte Dir eine Tonne Kartoffeln schicken - Saatgut (sind eben Pflanzkartoffeln) wollte ich schreiben. Aber nun ist es gesperrt. Etwas Gerste oder Hafer und 1 Ztr. Weizen kriege ich auch für unsere Hilfe bei Tante. In Ordnung? Also besorge einen Hühnerstall mit was drin.*

*Und nächstes Frühjahr geht dann bei uns die Landwirtschaft los. Kannst Du von dem Sportplatz nicht was pachten? Wenn wir nur mal erst zu Hause wären! Pläne macht man ja genug. Nun lass Dir wie immer, alles Gute wünschen von uns Dreien und viele herzliche Grüße und einen festen Kuss besonders von Deiner*

*Erna.*

Die Bewegung der Engländer ist wohl im Zusammenhang mit der Aufteilung Deutschlands in Besatzungszonen und deren Grenzen zu sehen, siehe Text vor dem Brief vom 13.8.45. Außerdem müssen die Siegermächte entscheiden, welche Fabriken wieder arbeiten dürfen und welche nicht [2, S.280; 1, S.35], siehe Frage im Brief oben. Aus dem Grund ist wohl die Frage offen, wo mein Vater wieder Arbeit findet.


*Brief vom 15. Oktober 1945*

*Lieber Heinz,*

*hast Du heute daran gedacht, dass wir heute vor 8 Jahren das stolzeste und glücklichste Elternpaar waren? Und was ist übriggeblieben? Ein kleines Blumengärtchen auf dem Friedhof. Es ist immer noch so schwer, sich damit abzufinden.*

*Ich danke schön für Deinen Brief. Alle Grüße bestellt und es lassen Dich auch alle wieder grüßen. Den vom Bürgermeister unterschriebenen Schein schicke ich wieder mit. Nun komme auch bald einmal wieder. Wie ist es mit den Kartoffeln, die in Fröhlicks Waggon mit sollen? Kriege ich rechtzeitig Bescheid oder muss ich mal selbst nach Haarbrück fahren? Ich hätte Dir schon längst welche geschickt, wenn nicht jede Annahme von Gütern gesperrt wäre. Schade! Hier ist wohl keiner gewesen, der was abstellen will. Ich wüsste aber auch wahrhaftig nicht, wohin damit. Zudem noch, dass wir doch damit rechnen, hin und wieder die Wohnung für fremde Einquartierung räumen zu müssen. Dann hätte man den fremden Kram auch noch zu dem eigenen. Vor einigen Tagen konnten die geräumten Häuser in der Siedlung wieder bezogen werden, nachdem sie wochenlang leer gestanden hatten.*

*Also Du machst auch tüchtig ein, Stielmus? Na, da haben wir bestimmt den ganzen nächsten Sommer noch eingemachtes Gemüse genug. Ist aber ganz gut so. Wie denkst Du bzw. Ihr dort über die Lage? Wird's brenzlig mit den Russen?* (Unklar, was damit gemeint ist.) *Da möchte ich fast lieber doch nach Hause kommen? Wenn wir ja nur was Sicheres über Euer Werk bzw. Deine Stellung wüssten!*

*Kartoffelnachlese habe ich nicht gehalten. Diese Kartoffeln sind immer minderwertig, meistens beschädigt und werden bloß zum Verfüttern gebraucht. Ich kriege auch so Kartoffeln. Wenn Anni ihre sämtlichen Kartoffeln ohne Karten von Tante kriegt, werde ich auch wohl einige Zentner so bekommen können. Schließlich habe ich diesen Sommer schon ganz schön mitgeholfen und Anni noch nicht 'nen*

*Handschlag. Auch heute wieder. Von ~ 12 Uhr bis zum Dunkelwerden hinterm Haspel Kartoffeln aufgelesen (ich spüre mein Kreuz nicht mehr oder, richtiger gesagt, ich spüre es sogar ganz mächtig). Anni aber war rechtzeitig krank geworden, aber doch nicht so krank, dass sie Tantes Einladung zur Namenstagsfeier (auch heute) nicht folgen konnte. Ich bin nicht eingeladen worden. Ich weiß nun nicht, ob ich mich ärgern soll oder annehmen soll, dass Tante mein Kommen zur Feier für selbstverständlich hielt. Schließlich kam ja auch das Kartoffellesen dazwischen. Am besten schläft man sein Kreuz wieder gerade und sich selbst aus und lacht morgen über den ganzen Kram. Ich gebe zu, dass ich heute Abend zänkisch bin und auch, dass ich mich heute überanstrengt habe. Mir ist tatsächlich noch nie die Arbeit auf dem Felde so schwer geworden wie heute, 6 Stunden in gebückter Haltung arbeiten! Die Erde war nass und infolgedessen die Körbe, die wir auf die hohen Wagen kippen mussten, furchtbar schwer. Ich bin nach Hause gestolpert; gut nur, dass es dunkel war. Na ja, ich sterbe nicht daran. Angela geht wieder mit Mechthild zum Kindergarten. Die Eröffnung der Schule am 1. Okt. war bloß 'ne Formsache. Ich bin mal gespannt, was das gibt. Ist die Schule bei Euch im Gange? Schließlich kommt's noch so, dass Angela im Frühjahr in die dortige Schule kommt und kann noch kein i schreiben, während ihre Altersgenossen das halbe Lesebuch schon durch haben. Frage mal Frl. Altm, ob ich mit ihr schon anfangen soll.*

*Meine Gärten haben sich diesmal rentiert. Jetzt habe ich wieder prachtvollen Endivien- und Feldsalat. Und Möhren hatte ich in Merksfelde - alle 20 bis 25 cm lang und entsprechend dick. Leider aber eine ganze Reihe von der Wühlmaus unten abgefressen. Da sehe ich ja auch für die Schwarzwurzeln schwarz. Aber was über der Erde wächst, alles prima. Ich habe noch mal Kappes einmachen müs-*

sen und habe immer noch schöne Köpfe im Garten. So, nun weiß ich aber nichts mehr. Gesund sind wir noch alle. Willi ist noch nicht da. Aber Annis Mann von den Russen entlassen, weil er noch verletzt war. Oder weißt Du das schon, warst Du nachdem noch hier?

Nun Gute Nacht, Heinz. Von uns Dreien viele Grüße und einen herzlichen Kuss. Den besonders von Deiner

Erna.

Wenn Du mal wieder nach Borken fährst, grüße Deine Eltern herzlich und ich wünsche alles Gute. Ist Max mit seiner Familie zurück? Deine E.

Noch eins. Tante und besonders Elisabeth warten sehnlichst auf irgendeine Nachricht über August. Fährst Du wohl mal hin? Du hast doch davon gesprochen; sie verlassen sich auf Dich. E.


Brief vom 21. Oktober 1945

Lieber Heinz,

alle Aufträge habe ich nun ausgeführt. Ich habe einen Sack Kartoffeln zu Frau Schenk gebracht und dazu eine Bescheinigung vom Amt, dass ich diese 40kg mitnehmen kann für einen vorübergehenden Aufenthalt dort. Selbsterzeugung kam nicht in Frage, weil ich doch auf dem Antrag auf Einkellerkartoffeln eingeben musste, dass ich nicht selbst welche erzeugt hatte. Hoffentlich kriegst Du sie nun auch richtig. Den Sack bringe möglichst wieder mit, gehört Tante. Die Kiste mit Max' Sachen auch auf dem Handwagen nach Beverungen zu zerren, kannst Du mir aber schlecht zumuten. So wichtig werden diese Sachen auch nicht sein, dass damit nicht gewartet werden kann, bis auch unser ganzer Krempel zurückkommt. Einen Einspän-

*ner kriege ich nicht, die Pferde sind den ganzen Tag drau-*
*ßen. Nun heißt es wieder, Expressgut würde angenom-*
*men, falls es sich um Flüchtlingsgut handele. Ich hoffe,*
*dass Du nächste Woche kommst. Dann wollen wir es mal*
*versuchen, ob wir unter solchem entsprechenden Vermerk*
*die Bücherkiste mit Kartoffeln aufgeben können.*

*Deine Briefe vom 8. und 10. Okt. kamen am 18. Okt.,*
*Donnerstag, an. Ich danke Dir. Was Du über Ulrichs Ge-*
*burtstag schreibst, ist ja richtig. Wir hatten diese Geburts-*
*tagsfeier auf den Sonntag vorverlegt. Ich hatte alle Bilder*
*von ihm aus dem Koffer gesucht und die haben wir uns*
*dann - Oma und die Kinder - angesehen. Auch Oma ver-*
*liert immer noch die Fassung. Über meine Empfindungen*
*am Nachmittag und besonders am Abend, als ich mit den*
*Bildern, nur mit seinen Bildern, alleine war, kann ich nicht*
*viel schreiben. Die Vermutung in Deinem Brief ist schon*
*recht. Am anderen Vormittag haben wir dann einen Blu-*
*mentopf, eine Aster, auf sein Grab gebracht. Am Mittag*
*ging es dann aufs Feld, Kartoffeln ausmachen. Es war mir*
*auch ganz recht so, denn bei Tante Namenstag feiern,*
*danach stand mir doch nicht der Sinn. Nur das Drum und*
*Dran war ein bisschen ärgerlich. Aber ich glaube, ich*
*schrieb schon mal davon.*

*Den Antrag auf Fahrpreisermäßigung hast Du wohl be-*
*kommen? Ich schickte ihn Dir sofort zurück. Deine Schin-*
*ken-Bauer-Verbindung ist ja fabelhaft, und mit Obst bist*
*Du nun besser versorgt als wir. Unsere Äpfel werden im-*
*mer kleiner und härter; die Mädchen wollen sie schon gar*
*nicht mehr essen. Von der 25%igen Abgabe hatte ich noch*
*nichts gehört, das gibt aber schwer zu denken. Wenn das*
*so weiter geht.... Nun, wir hatten uns ja sowieso keine*
*großen Hoffnungen mehr gemacht. Aber den Mut sinken*
*lassen? Nein, noch nicht, solange wir nicht verhungern.*
*Dein Fahrrad ist also auch wieder da. Willst Du es nicht*

*gegen Fettigkeiten umzutauschen versuchen? Mit dem Dauerbrenner ist hier nichts zu machen, es gibt hier keine Kohlen dafür. Wie mir Herr Meier gefällt? Besser auf jeden Fall als damals der Berliner. Mit meinem Zahn hat's noch gut Weile. Erst müssen noch die beiden Nebenzähne behandelt werden, die überkront werden müssen, damit der falsche Zahn seinen Halt bekommt. Scheußlich! Ich bin ja nicht sehr eitel, aber falsch ist falsch.*

*Ein Kindertischchen zu Weihnachten wäre prima. Ich zerbreche mir auch schon den Kopf. Ich hatte ordentlich Verlangen danach, in unserer Wohnung nach den Handwerkern Generalreinigung und -aufräumung zu halten und uns dann wieder richtig einzurichten. Aber alles rät ab, rät ab. Weißt Du vom Werk noch nichts? Vorläufig musst Du Dich wohl noch ein bisschen allein weiter plagen. Nachher will ich Dich dann dafür doppelt verwöhnen, ja?*

*Ich habe hier auch noch tüchtig zu tun. Die Gärten sauber- und ummachen, habe schon angefangen. Die Zuckerrüben sind noch draußen. Ich soll sie noch bis zum ersten leichten Frost draußen lassen, weil ich sie ja erst so spät gesät habe. Es sind aber schöne dicke darunter und ich glaube auch, dass ich für meinen Bedarf genug habe. Der Hasselhöfer hat seine Rüben im Akkord vergeben. Für einen Morgen auszumachen gibt er so und so viel Rüben, ein paar Pfund Zucker und noch Geld. Ein lockendes Angebot, aber für mich nicht annehmbar. Wer hilft mir dabei? Es ist eine mühselige Arbeit. Jede einzelne Rübe muss mit dem Spaten ausgehoben werden, denn in den Schwänzen sitzt der meiste Zuckergehalt und die Rüben sitzen tief in der Erde, nicht wie 'ne Runkel oben über der Erde.*

*Angela muss morgen wieder zur Schule. Hoffentlich hat dieser Anfang Bestand. Bin mal gespannt. Wenn nicht, werde ich mit ihr anfangen. Mir fehlt dann nur ein Buch. Die haben sie hier nämlich auch noch nicht. Es freut mich, dass man Dir sagt, Du sähest gut aus. Ich vermute Dich nämlich dort immer halb verhungert. Kleidersammlung war auch hier. Ich habe keinen Zettel gekriegt, anscheinend alle Evakuierten nicht, was die alte Frau Dachs zu der entrüsteten Frage veranlasste: "Wie, Sie haben keinen Zettel gekriegt?" Ich weiß ja auch nicht, warum. So, nun aber Schluss für heute. Wir nehmen Dich alle drei fest in die Arme. Besonders herzlichen Gruß und Kuss von Deiner*

*Erna.*

(Brief vom 21. Oktober 1945 ergänzt):

*Lieber Heinz,*

*weil am Montag keine Post von hier abgeht, hatte ich meinen Brief von gestern noch mal mit nach Hause genommen. Ich dachte, vielleicht fällt mir noch was ein. Da kommt soeben Dein Brief von Bad Oeynhausen. Also ich habe mich hinsetzen müssen. Als ich Dir die Anzeige schickte, habe ich gedacht, er lacht dich ja aus und habe auch weiter nichts davon geschrieben. Nun bin ich aber mal gespannt, wie das ausgeht. Ob ich beide Daumen halte? Schreib mir sofort, was es gibt, ja? Die Sache mit D. tut mir leid. Aber vielleicht trifft ihn heute das, was Euch in ein paar Wochen oder Monaten auch passiert, wenn das Werk zumacht. Ich werde mich hüten, hier etwas davon verlauten zu lassen.*

*Der Rindviehbauer ist Tante; sie hatte die übliche Redensart: "Ja, da müssten die Jungens aber doch mal .... ". Die Jungens haben heute noch nicht, und die Rinder laufen schon tagelang draußen rum. Dafür geht Gerd abends in die Tanzstunde! Auch ein Rindvieh, ja! Das mit den Ratten in der Garage ist aber scheußlich; gibt's kein Gift? Ich schreibe Dir noch wegen dem Kaninchenmitbringen, muss mir Tantes Stall noch mal richtig begucken. Ja, was*

*machen wir mit der Wohnung? Nun wohl erst mal abwar-*
*ten, was mit Oeynhausen wird, nicht wahr? Die Lebens-*
*versicherung bei der Provinzial beträgt doch 5.000 RM,*
*nicht 2.000 und die bei der Nürnberger 3.000 RM.*

*Mit Milcheinkochen habe ich schon versucht, zwei Gläser.*
*Anscheinend in Ordnung, habe aber nun keine Gläser*
*mehr frei bzw. es fehlen mir Gummiringe. Kann auch nir-*
*gendwo welche kriegen. So, nun hätte ich wohl noch aller-*
*hand zu schreiben, aber unwichtig. Und es ist spät und der*
*Brief muss noch zur Post. Geht morgen früh um 7 Uhr hier*
*weg und so früh stehe ich noch nicht auf. Aber viel Glück*
*in der bewussten Sache, Heinz. Herzlich grüßen und küs-*
*sen Dich Deine Mechthild, Deine Angela und Deine*

*Erna.*

## Noch ein Winter an der Weser – und Weihnachtsvor-
## bereitungen (Nov. / Dez.1945)

Der Krieg ist bereits zu Ende und ans Heimkehren ist gedacht. Aber das ist schwierig. Die Einquartierungen zu
Hause lassen es nicht zu. Meine Mutter ist enttäuscht und
stellt sich noch auf den nächsten Winter an der Weser ein.

*Brief vom 13. November 1945*

*Lieber Heinz,*

*natürlich war ich enttäuscht, als ich Deinen Brief durch D.*
*erhielt, zwar nicht über Deinen Brief, aber darüber, dass*
*es mit dem Nachhausekommen nun doch noch nichts*
*wird. Ich hatte mich drauf gefreut und mir auch eingeredet,*
*dass die Milch- und Butterfrage für die Kinder doch wohl*
*nicht so schwer zu nehmen sei. Aber nun ist die Woh-*
*nungsfrage zu Hause anscheinend ganz gut erledigt, da-*

*mit ist der zwingende Grund hinfällig, nach Hause zu kommen. Wir wollen vernünftigerweise noch bis zum Frühjahr warten. Ich hoffe stark, dass bis dahin alle anderen Fragen auch geklärt sind. Deine Stellung usw. Aber schade ist's doch, ich hatte mich doch gefreut. Hoffentlich hast Du mit Deinen Mietern nun auch mal Glück. Die polizeiliche Anmeldung werde ich morgen in Ordnung bringen. Die Marken sind untergebracht. Die 17 Zucker-Marken hast Du doch hoffentlich früh genug bekommen? Deine Kusine Maria H. ist ja so in Ordnung, also verhungern wirst Du ja nicht. Mit Deiner Rückreise hattest Du aber diesmal Pech, und zum Schluss doch noch ein bisschen Glück (von wegen Kartoffel-Kontrolle). Frau D. werde ich nächstens die 60 Pfd. bringen, das ließ sich ja gut so machen. Ich schicke Dir schon mal ein paar Brotmarken mit, mal sehen, was ich noch übrig habe, wenn D. zurück fährt. Das schicke ich Dir dann auch noch. Kürbis willst Du einmachen? Süß-sauer? Brauche mir aber ja nicht den g a n z e n Zucker dafür. Davon bringst Du mir für die Weihnachtsbäckerei noch was mit, ja? Von der Orangeade und Salatsoße werde ich auch noch ein paar Flaschen zusammenholen. Erstere für Milchsuppe zum Süßen ganz prima. Mechthild sagt allerdings nur noch "Süßstoffsuppe".*

*Die Ketten für die Kleinen sind gut. Ich war mit Elisabeth in Dahlhausen und habe außer für mich für die beiden ein kleines Körbchen bekommen. Kannst Du evtl. 2 kleine Kästchen, die ich als Nähkästchen fertigmachen kann, auftreiben? Ziemlich flach, etwa 4 cm, müssten sie sein. Und für Deine Frau besorgst Du bitte einen hübschen kleinen Seal-Muff. Ich bin ja so bescheiden, nicht wahr? Das Kalte-Hände-Kriegen ist ja leider bei mir Dauerzustand, draußen natürlich. Früher konnte ich doch wenigstens eine Hand immer mit in Deine Manteltasche stecken. Mir fällt gerade ein, die Nähkästchen (wenn Du sie kriegtest und früh genug mitbrächtest) könnte doch sicher Herr*

*Wimmelm. ein bisschen nett bepinseln, meinst Du nicht? Er tut es auch sicher, glaube ich. Rübenkraut habe ich noch nicht gemacht. Ich will wetten, bis ich von Rogerts noch (evtl. 2 Ztr.) welche dazu kriege. Ich soll sie Ende der Woche abholen.*

*Denkst Du an meinen Krankenschein (Zahnarzt) für mich? Für Angela schicke auch gleich einen mit, sie hat ab und zu Zahnschmerzen. Der Abdruck für meine Zähne ist gemacht. Es soll bloß 8 bis 14 Tage dauern, ich würde dann Bescheid kriegen. Ich bin's aber nun auch leid. Vor der verfluchten Nervennadel habe ich inzwischen einen heillosen Respekt! So'n Zahnarzt hat Glück, dass man bei ihm das Maul (auf-) halten muss, sonst würde der doch allerhand zu hören kriegen. Ich schrieb Dir schon, dass Alfred aus engl. Gefangenschaft geschrieben hat? Wir sind alle sehr froh darüber und werden ihn ja nun wohl über kurz oder lang wiedersehen. Ist Max und Familie noch nicht zurück? Bei Deinen Nachbarn ist es ja das Schlimmste, dass sie wenig oder keine Aussicht haben, anderswo unterzukommen.*

*Mit der Annonce will ich es versuchen. Warum fragst Du nach Süddeutschland? Hast Du was angebahnt? Ehrlich gesagt: Süddeutschland ist für mich die Fremde, während ich mich herum in den Gegenden, die Du auch nennst, überall schnell zu Hause fühlen würde. Außerdem ist da unten der Amerikaner. Dir geht's ja genauso. Ist denn von Bad Oeynhausen noch nichts angekommen? Das wäre ja fast hoffnungsvoll. Denn wenn Du nicht in engere Wahl gekommen wärest, hättest Du doch eine schnelle Absage bekommen. Wir wollen hoffen, dass alles gut geht. Unser kleiner Schutzengel wird doch auch dabei ein bisschen mithelfen.*

*Auf Ulrichs Grab sind die beiden Astern bald verblüht, ich werde sie demnächst abschneiden müssen. Die Rose hat aber noch eine Menge Knospen, die ja leider nicht mehr zum Blühen kommen. Hoffentlich macht der Schreiner bald das Kreuz fertig. Der Korpus ist doch gut so meine ich, jedenfalls ist er wetterfester als einer von Holz. Das ist nun Ulrichs Weihnachtsgeschenk!*

*Ob man von Ulrich eine Vergrößerung machen lassen kann? Für uns und für Oma und Else zu Weihnachten, auch für Deine Eltern.*

*Kisten brauchst Du, glaube ich, keine zu schicken. In die Tonnen geht 'ne Menge rein. Wir haben sie heute geholt, 4 Stück. Das war vielleicht eine wackelige Ladung, aber schließlich ging es doch ganz gut. An die Papiertüten für die Kartoffeln nachher beim Umziehen musst Du denken. Unsere Säcke sind hier z. T. draufgegangen. Hinten auf dieser Seite der Verteilungsplan für die 82. Periode. Schicke mir - wenn Du sie nicht los wirst - früh genug Deine Fleischnummern. Ich hole dann hier bei Kayser 'ne haltbare Wurst. Oder kommst Du zwischendurch wieder selber her? Evtl. Nikolaus? Das wäre fein. Hat Friederich ein Schaf mitgebracht oder in Aussicht? Schönen Gruß. Sonst wüsste ich nichts Neues von hier.*

*So, und nun lass Dich in den Arm nehmen und Dir einen festen Kuss geben. Die Kleinen schlafen, sonst könnten sie auch noch einen Gruß drunterkrackeln. Also einen herzlichen Gutenachtkuss von Deiner*

*Erna.*


*Brief vom 19. November 1945*

*Lieber Heinz,*

*Deinen Brief von Hattingen kriegte ich erst am 15., danke schön. Da konnte ich leider die Fleisch-Marken nicht mehr* unterbringen. Für Surmanns war damit am Samstag schon Schluss, in Beverungen am Mittwoch auch. Schade, es hätten ein paar Nieheimer drangesessen. Meinen 2. Einschreibbrief hast Du doch hoffentlich bekommen? Schreibe auf den Verteilungsplan für Mechthild (3 - 6 Jahre) noch Nr.18 = 1/2 Pfd. Marmelade oder ¼ Pfd. Zucker. Es ist wohl nun das gleiche wie dort? Aber gibt es dort weißen Zucker? Hier nur braunen. Evtl. kaufst Du den Zucker dann dort und bringst ihn mit. Schreibe doch sofort mal, ob Du in dieser Periode noch kommst (bis zum 10.12. also) oder ob ich Dir die Zuckermarken sofort schicken soll. Meinst Du, dass Du keine Fahrkarte mehr kriegst? D. ist ja auch ohne Genehmigung gefahren, er war in einem Tag hier. Also abends schon in Beverungen. Sag mal, kannst Du Deine Kusine Maria H. noch mal besuchen oder geht das nicht gut? Und zwar dachte ich an ein paar Päckchen Backpulver, Hirschhornsalz, Honigkuchentreibkraft, Natron und wie es gerade heißt. Damit ist es bei mir schlecht bestellt. In dem Papiergeschäft in Beverungen habe ich keine Farben bekommen. Auch kein Inserat aufgeben können, weil im Augenblick dafür Annahmesperre besteht. Ich werde es öfter versuchen.

Pass' mal auf. Ich habe für Angela zu Weihnachten ein kleines Schreibpult kaufen können, nicht ganz modern, aber blitze blank lackiert, zum Aufklappen mit Fach für Bücher, sieht gut aus, wie neu. 20 RM. War das zu teuer? Es muss doch nicht immer nur Spielzeug sein. Das Pult ist übrigens so hoch, dass sie auch noch mit 14 Jahren dran sitzen kann. Vielleicht kriege ich von demselben Mann - sind Ackersleute von Tante - noch 2 Roller für die Kleinen. Natürlich müssten sie gleich ein Paar Holzschuhe dazu haben, sonst könnte mir die eine Schuhsohle leid tun. Bist Du einverstanden? Ich habe wegen Holzschuhen an Elisabeth nach Füchtdorf geschrieben. Kannst Du dort auch welche bekommen? Ein Stäbchen von 19 - 20 cm Länge *muss hineingehen, aber nicht größer. Da haben sie mit Socken und Stoffschuhen genügend drin Platz. Wenn nun Du und Elisabeth welche besorgt, können wir doppelte hier leicht wieder los werden.*

*Sind die neuen Mieter bei Dir drin und wirst Du mit ihnen fertig? Ich wünsche Dir herzlich, dass es gut geht mit ihnen, damit Du diesen letzten Winter einigermaßen gut herumkriegst. Ist immer noch nichts von Oeynhausen gekommen? Ich warte jeden Tag auf Post von Dir oder Telegramm, etwa: Umzug nach Oeynh. vorbereiten. Verrückt, was? Aber erst muss ich die Rüben fertig haben. Bumann gibt die Presse nicht mehr so aus der Hand, sondern geht mit ihr durchs Dorf, weil was dran kaputt war und keiner will's getan haben. Nun bin ich erst nächste Woche Mittwoch dran. Der wird aber reich dabei! 2 RM pro Ztr. und ist schon für Wochen hinaus bestellt. So 5 -6 Ztr. am Tag, das lohnt sich dann auch.*

*Was Neues gibt es hier kaum, außer, dass Mechthild Läuse hatte (Du bist doch nicht gerade beim Essen?). Sie hat unter Tränen hoch und heilig beteuert, nie mehr zum Kindergarten zu gehen. Nun hat sie die Prozedur überstanden und läuft wieder munter hin. Ich kriege jetzt noch 'ne Gänsehaut. Da sind mir Flöhe lieber. Die zu fangen, kommt mir immer wie so 'ne sportliche Angelegenheit vor. Wer ist fixer, er oder ich? So, nun denke Dir nach dieser lausigen Geschichte mal schnell was Schönes aus. Vielleicht, dass wir alle drei Dich jetzt feste in den Arm nehmen und abküssen. Angela kann' s immer am besten, das knallt richtig. Bei Mechthild ist's dafür ein bisschen feuchter und mir musst Du es sowieso erst wieder  beibringen. Also, lieber Papa und lieber Heinz, viele herzliche Grüße von Deinen Lütten, Angela und Mechthild. Auch von mir einen festen herzlichen Kuss. Deine*

*Erna.*

Im November denkt meine Mutter an Weihnachten. Das praktische Schreibpult, von dem sie im Brief schreibt, benutzten wir später noch sehr lange während der Schulzeit und hatten Freude daran.

Bei den Leuten in der Siedlung wurde mal geschlachtet. Meine Mutter bekam was ab. Nach dem Essen nagten Angela und ich unsere Knochen ab. Auf einmal meinte meine Schwester: "Ach, könnten wir doch mal 'ne Kuh schlachten". Warum, staunte meine Mutter, „...da könnten wir Knochen absuchen!"


*Brief vom 02. Dezember 1945*

*Lieber Heinz,*

*zwei dicke Briefe an einem Tag, das lohnt sich und man muss richtig aufpassen, da durchzukommen. Aber schön ist es doch, und ich danke Dir dafür. Ich war ganz erstaunt, dass D. schon wieder hier auftauchte, habe ihn aber nur ganz flüchtig gesprochen, weil gerade der Mann mit der Rübenkrautpresse da war. Es ist ja schade, dass Du nicht mitgekommen bist. Aber dafür wird es ja dann zu Weihnachten - Neujahr schöner. Ich bin froh, dass es mit den neuen Mietern gut geht, da hast Du es doch auch ein bisschen besser, bezüglich Kochen und Reinemachen, meine ich. Dass es mit dem Kohldampfschieben noch nicht so weit ist, beruhigt mich auch sehr. Wie gut, dass Du wenigstens ein paar Kartoffeln im Keller hast. D. Mitbringsel waren in Ordnung, danke schön. Kann alles gut gebrauchen. Wenn es mal knapp mit Deinem Gemüse wird, schicke ich Dir Möhren und evtl. getrocknete Bohnen. Schreibe mal drum, wenn Du sie haben willst. Was Du vom Werk schreibst, sieht nicht gerade rosig aus. Man kann nur hoffen, dass dafür etwas anderes klappt.*

*Das Rübenkraut ist fertig! 18 Pfund von 2 Ztr. Faul, was? Die anderen können es besser, ich habe auch 2x gekocht. Ich denke mir aber, dass meine Rüben, weil sie dauernd abgefressen waren, sich nicht richtig entwickelt und wenig Zuckergehalt hatten. Oder aber die anderen haben es so dünn wie schwarzen Kaffee gekocht und meins ist viel dicker eingekocht Die Presse bringe mal mit, ich mache dann evtl. noch von weißen Runkeln Kraut.*

*Ich bin ganz gerührt über Deine Großmut, mir ein Kaninchenfell für einen Muff zu bewilligen. Und zubereiten darf ich mir das Fell sogar auch noch selbst. Aber leider weiß ich nicht, wie es auf Seal-electric (oder so ähnlich) bereitet wird, dazu gehört schon Kürschnerverstand. Wenn ich ja eine gelb-grün-lilane Zipfelmütze und buntgekringelte Strümpfe auftreiben könnte, würde dazu auch ein Kaninchenmuff, so braun-weiß-schwarz, ganz hübsch passen. Dann weiß ich überhaupt nicht, ob die Felle hier sind und wo. Und zehntens und letztens will ich Deine Großzügigkeit lieber nicht so ausnutzen, verzichte also gern und friere mir lieber kalte Finger.*

*Soll ich Dir nun noch Runkeln schicken? Es ist wohl nicht nötig, wenn Du das Kaninchen Weihnachten mitbringen willst. Sind Deine Eltern wieder zusammen oder ist Mutter noch in Borken? Ihre Krankheit ist im leichten Falle nicht so schlimm, hat fast jede Frau, wie mir ein Arzt mal sagte. In schweren Fällen kann sie allerdings zu Rückenmarkschwindsucht führen, das wäre schlimm. Hoffentlich kommt es nicht dazu. Hier hat es ein paar Tage Frost und 2 Tage dicken Schnee gegeben, nun ist aber alles wieder vorbei. Der Benzinkocher steht hier auf dem Bücherschrank. Wie kommst Du denn auf einmal auf den? 1 Ztr. Weizen habe ich bekommen, habe die Hälfte mahlen lassen, da ich das Mehl brauchte. Den Stoff von Frau O. nehme ich gerne und mache auch irgendwie ½ Pfund*

Butter dafür übrig. Wenn es nur nicht gerade vor Weihnachten sein muss! Du schreibst, sie hätte noch mehr solcher Sachen. Könnte man nicht Mehl dagegen tauschen, das ging schon mal eher, als gerade Fettigkeiten.

Aus den Skizzen von unserer Wohnung dort werde ich schlau. Es scheint ganz gut auszusehen oben. Wie wir die beiden Zimmer unten nachher aufstellen, können wir ja noch überlegen. Es ist kein Teil zu viel, wenn das Buffet in die Küche kommt, wie ich schon mal gesagt habe.

Mechthilds Kopf war in Ordnung und ist schon wieder in Unordnung und dies mal Angelas mit. Und ich .... weiß nicht. Bei mir krabbelt es am ganzen Körper, wenn ich daran denke. Nerven! Bringe bitte was mit, Goldgeist und so'n Zeug, soviel Du kriegen kannst, hier ist schlecht dranzukommen. Mehr als eine Flasche geben sie nicht ab. Ich brauche für 2 Mädchen mit langen Zöpfen bestimmt zwei Flaschen. Dann soll man es nach 6 Tagen wiederholen, macht 4 Flaschen. Und wenn ich auch noch .... macht 6 Flaschen. Also ich muss Vorrat haben für den Wiederholungsfall. Oder ich muss das Küssen und Schmusen mit den Kindern bei Strafe verbieten. Und wer würde das tun? Eine ganz fiese Sache also ...

Frau P. hat Deine Mütze immer noch nicht angefangen. Sie hatte noch so viel zu tun gehabt im Garten und im Feld. Sie hat ja auch den kranken Mann. Soll das nicht ein Irrtum sein mit der Skimütze in Braun? Hier ist gestern noch das strengste Verbot für Skimützentragen ausgeschellt worden.

Einen Adventskranz würde ich Dir gerne machen. Einer für uns ist fertig. Aber kann man dem Herrn D. so einen Rucksack voll zumuten? Danke T. für den Mohn. Wie ist das, kommt der gemahlen in den Teig statt Fett oder zum Bestreuen oben drauf? Davon kenne ich nichts, nehme das Erstere an. Wenn Du kannst, bringe Hefe mit, auch Natron für die Tante. Ich habe vorerst genug davon. Deine schmutzige Wäsche bringe nur mit, mache ich dann hier in Ordnung. Bei Dachs habe ich 1/2 Tag beim "Schlachten" geholfen, gut gegessen! Tante schlachtet erst nach Weihnachten; habe von ihr eine Literflasche voll Öl gekriegt. Fein, was? Angelas und Mechthilds Wunschzettel werden jeden Tag umgeschmissen und wieder neu geschrieben. Und den Kleinen was erzählen, ja sicher, aber früher machte es mir mehr Freude, als Ulrich noch dabei war und so oft so verständig dazwischen fragte. Der fehlt immer und immer und wenn ich noch 5 andere dazu bekäme.

Die Zuckerkarten habe ich heute alle abgeholt, habe ziemlich hellen Zucker bekommen. Ist also erledigt. Anbei ein kleines Fresspäckchen. Guten Appetit. Nun von uns Dreien herzliche Grüße und von jedem einen festen Kuss. Besonders von Deiner

Erna.

Den Brief nimmt Herr D. mit, bekommst ihn also eher.


Brief vom 05. Dezember 1945

Lieber Heinz,

ich schicke Dir heute von Beverungen ab ein kleines Nikolauspäckchen. Hoffentlich kommt es richtig an. In letzter Minute kriegte ich noch von Matzfeld ein Päckchen Backpulver. Da habe ich noch schnell eine halbe Nachtschicht eingelegt und ein paar Kleinigkeiten gebacken. Sonst hätte der Nikolaus auch dieses Jahr nur ein paar Stückchen Honigkuchen und einen Stutenkerl gebracht. Eine Nieheimer ist auch in dem Päckchen. Herr D. besuchte mich gestern. Er kommt gar nicht mehr nach dort zurück, kann Dir also auch nichts mehr mitbringen. Zeugnisabschriften kann ich nicht finden. Wo sind denn die? In dem braunen Koffer nicht, den habe ich gestern nachgesucht. Vergrößerungen von Ulrichs Foto können  vorläufig nicht gemacht werden wegen Materialmangel. Schade! 2 Roller habe ich bekommen, je 6 RM. Ganz stabile Dinger mit Gummibereifung. Mir fällt noch gerade ein:

Backaroma brauchst Du nicht mitzubringen, kann ich bei Matzfeld ausreichend kriegen.

Es besteht immer noch Anzeigensperre, kann Dein Inserat also nicht aufgeben. Außerdem verlangen die noch Vorlage einer Bescheinigung des Arbeitsamtes. Ich lege Dir wieder eine Anzeige bei aus "Neue Westf. Zeitg." vom 30.11.. Willst Du darauf auch schreiben?

Nun lass es Dir gut gehen, hoffentlich ist nun heute der letzte Nikolausabend, den wir getrennt verleben müssen. Gott sei Dank gerät aber diesmal der hl. Mann bei seiner Erdenfahrt nach Deutschland nicht in Flakbeschuss und Bombenhagel. Das ist wenigstens ein Vorteil gegenüber den Vorjahren.

Herzlichen Gruß und lieben Kuss von Deinen Kleinen und Deiner

Erna.


Brief vom 16. Dezember 1945

Mein lieber Heinz,

ursprünglich sollte dieser Brief etwa so anfangen: Nun schlägt's bald 15, wenn Du nicht bald .... usw., steige ich dir dort mal persönlich aufs Dach usw. Da kam zum Glück heute Nachmittag Kurt W von Beverungen mit 2 Paketen und Deinem dicken Brief. Statt der Schimpfe sollst Du einen dicken Kuss haben. Ich kann's nämlich wieder. Küssen, meine ich, denn meine Zähne sind endlich in Ordnung, seit vorgestern. Habe mich noch nicht daran gewöhnt und lutsche dauernd an dem "Bonbon" vorne im Mund herum. Gut, dass endlich der Krankenschein da ist. Dr. Seelig hat immer gefragt, weil er abrechnen muss. Seine Praxis wird nämlich von der Militärregierung geschlossen. Er darf nur die begonnenen Arbeiten fertigmachen. Auf sein Anraten habe ich an die Krankenkasse um ein Antragsformular auf Erstattung bzw. Teilerstattung von Zahnersatz-Kosten geschrieben. Hatte das Zweck? Habe bis heute auch nichts bekommen.

Mit Hallo haben wir dann die Paketchen ausgepackt und schnabuliert und "lieber Papa" und "der liebe Nikolaus" und" guck mal Angela, ganz dicker Zuckerguss auf den Stutenkerlen". Zeig mal, sagt die Mama, Zuckerguss? Aber nee, das ist ja Schimmel. Na, den haben wir dann abgeschnitten und die übrigen Stücke in den Backofen gesteckt zum Rösten, vielleicht geht der Schimmelgeschmack davon weg. Das war schade. Alles andere aber war gut und in Ordnung. Treibmittel und Gewürze habe ich nun mehr als ausreichend. Es fehlen Eier und Fett, sonst könnte ich alles verbrauchen. Die Backerei ist in diesem Jahr "kriegsmäßiger" als in den verflossenen Kriegsjahren. Ich stelle nur fest, ich will nicht klagen, denn es könnte noch schlechter sein. Auch Hefe habe ich genug. Habe mir einen kleinen Vorrat davon eingeknetet. Sonst brauche ich zu Weihnachten nichts mehr als Dich.

An S. habe ich geschrieben und vom Besuch hier abgeraten. Zu holen ist hier nichts und der Inhalt der Kiste kann so wichtig nicht sein, dass eine solche Reise in der heutigen Zeit gerechtfertigt ist. Und Mehl mitgeben? Du, wenn der Zollmüller mir vor Weihnachten meinen 1/2 Ztr. Weizen nicht mehr mahlt, muss ich mir selber von Tante noch was leihen. Er wollte es schon gar nicht mehr annehmen.

*(Aber bringe Du die 2 Pfd. weißes Mehl gar nicht mit; be-*
*halte es und gebrauche es schön selber). Außerdem hat*
*sich S. um meine Freundschaft nie sonderlich bemüht*
*(habe es auch nie erwartet), so dass ich mich auf den*
*Besuch wirklich nicht freue. Sei mir bitte nicht böse. Aber*
*dann kann ich wild werden, wenn einer mich nur dann zu*
*finden weiß, wenn er was erben will. Die letzte Hälfte mei-*
*ner Gründe habe ich ihr natürlich nicht geschrieben. Ich*
*will ja keinen Streit, nur Abstand, und dass das so ge-*
*kommen ist, ist nicht meine Schuld. Wenn sie nun doch*
*kommt, dann ist für mich das bisschen Weihnachtsvor-*
*freude auch dahin.*

*Siehe zu, dass Du Dich rechtzeitig um unsere Zuzugsge-*
*nehmigung nach dort zu Ende Februar - Anfang März*
*bemühst. An Oeynh. glaube ich fast nicht mehr. Darum*
*habe ich mich gefreut, als ich von Deiner neuen Stellung*
*im Werk las. Da hängt man doch wenigstens nicht mehr so*
*im Ungewissen. Natürlich wäre mir Oeynh. oder die Saline*
*Karlshafen auch lieber. Herr D. hat noch nichts Bestimm-*
*tes. Er ist jetzt nach Regensburg, will Hl. Abend wieder*
*hier sein. Er hatte sich für diese Reise nochmals den*
*Rucksack ausgeliehen.*

*Für andere Sachen wie Teddy, Püppchen usw. ist es jetzt*
*wohl für die Kleinen zu spät. Ein Teddy wäre ganz nett*
*gewesen. Stoff hätte ich aber auch nicht gehabt. Spekula-*
*tius kaufe keinen, backe ich selber, alles in meinem Ofen,*
*geht prima. Was Du fürs Christkindchen alles gebastelt*
*hast! Du kannst mich aber neugierig machen. Und für mich*
*sogar auch noch was! Aber nicht auf Kosten Deiner Nacht-*
*ruhe, sonst hat das Sofa hier die Feiertage wieder stram-*
*men Dienst. Schade wäre es, wenn Du die Weihnachts-*
*woche bis Neujahr nicht hierbleiben könntest. Deinen*
*Ischias melde aber so lange ab. Auch Deine derzeitige*
*schlechte Stimmung. Zu den Agaven: nimm die Ableger,*

*wenn Du nicht die Stammpflanze bekommen kannst. Ich sehe noch Ulrich vor mir, wie wir von Orsoy kamen, bei Dir vorne auf dem Rad sitzend mit diesem Blumentopf im Arm.*

*Milch kriege ich von Tante nur noch 1 Liter. Sie haben eine Vorladung nach Brakel erhalten, wegen zu geringer Milchablieferung, nun haben sie bei allen gekürzt, auch Magermilch. Sie kriegt selbst 2-3 L im Tag zurück, dabei haben sie ein Kalb im Stall, das 10 L pro Tag haben müsste. Also faul für mein Einkochprogramm. Dafür koche ich jetzt Schlachterbrühe mit Graupen ein und nenne das hochtrabend „Grützenmett"! Auf jeden Fall schmeckt es lecker und gibt nächsten Sommer leckere Suppen. Deinen Bandwurmsalat (Zuckerrübensalat) können wir auch in unseren Küchenzettel aufnehmen. Ich bringe Zuckerrübensamen mit. Außerdem baut Tante 1 Morgen an.*

*Wie viel Geld soll ich denn wohl im Hause behalten? 200-300 RM? Ich werde schon mal morgen gleich den Zahnarzt bezahlen, was also die Kasse nicht übernimmt. Deine Mutter tut mir sehr leid. Wenn wir wieder alle beieinander sind, sollen auch Deine Eltern, wenn sie wollen, bei uns eine Heimat finden. Wenn ich nur auch für meine Mutter einen Rat wüsste. Else schrieb, sie käme zu Weihnachten nicht, erst im Januar. Wenn Du vor Deiner Abreise nach hier noch mal nach Hattingen kämest, wollte sie Dir ihren grünen Mantel für eines der Kinder mitgeben. Es ist aber nicht nötig, dass Du deswegen noch mal nach Hattingen fährst, bestimmt nicht, Heinz. Erstens ist es für Dich ein Zeitverlust, zweitens scheinst Du sowieso reichlich bepackt herzukommen und drittens geht es diesen Winter wohl noch mal so, wenn auch die Dicke reichlich lange Beine unter dem Mantel herausstreckt.*

*Mit dem Mohnstollen geht mir nun ein Licht auf. Was Du beschreibst, kenne ich auch, das nennt man aber Mohnrol-*

le oder Mohnstuten. Ein Stollen, evtl. Weihnachtsstollen, das ist 'n Ding für sich, den kenne ich auch. Ich hatte nur geglaubt, das wäre ein neues Behelfsrezept zur Fettersparnis. Also, wird gemacht. Mechthild sagte vorhin beim Zubettgehen, ich soll Dir aber schreiben, sie wäre jetzt immer artig und schliefe immer ohne Licht ein, weil wir doch Strom sparen müssten. Angela lässt sagen, es wäre aber gar nicht so schlimm, dass die Stutenkerle schimmelig waren. Oma lässt grüßen und dankt für die leckere Birne. (Natürlich hat sie das wenigste davon gegessen, unsere beiden das meiste.) Bonbons nimm auch keine mehr, lieber Zucker. Die Kinder kriegen eine Sonderzuteilung an Süßigkeiten. Mandelöl habe ich auch von Matzfeld bekommen.

Die Läusetinktur steht für den nächsten Fall bereit. Im Augenblick ist alles in Ordnung. Leider ist dies das scharfe Zeug, bei dem die arme Dicke so hat weinen müssen. Goldgeist ist milder. Auf jeden Fall bin ich aber froh, gleich ein Mittel bei der Hand zu haben, wenn ich wieder was merke. So, nun glaube ich, alle Deine Fragen beantwortet zu haben. Schade nur, dass der Brief nicht mit Frl. N. zurück gehen kann. Dienstag war ich noch in Beverungen, da hatte Mia noch nichts. Hoffentlich kriegst Du ihn überhaupt noch vor Samstag. Ich rechne fest, dass Du Samstag kommst. Gerd wird mir zwei Weihnachtsbäumchen schlagen, evtl. gehst Du mit ihm in den Wald? Grüße Deine Hausgenossen unbekannterweise von mir, ich wünsche ihnen recht frohe Feiertage.

Nun ist es über dieser langen Epistel auch Mitternacht geworden und es wird Zeit fürs Bett. Da hört die Gemütlichkeit auf. Morgens beim Bettenmachen begucke ich mir mein Bett schon immer mit gemischten Gefühlen. Ohne 2 Ziegelsteine gehe ich abends nicht rein. Erst kriegen die beiden Kleinen die warmen Steine und nachher ich. Oma

*Dachs hat gesagt, ein Männerbein wäre besser als 2 Steine. Also weißt Du Bescheid. Dabei hast Du im vorigen Winter noch mehr geschnattert als ich beim Zubettgehen.*

*Jetzt aber wirklich Schluss und bis zum frohen Wiedersehen am Samstag viele herzliche Grüße und einen Kuss von Deiner*

*Erna.*

Das sind die letzten Briefe aus dem Jahr 1945, mein Vater war über Weihnachten da und offensichtlich auch S.

# 1946

## Und wieder Winter

Weiter geht es im Januar 1946. Der Bruder meiner Mutter schreibt als Kriegsgefangener aus Fakenham / England.

*Brief vom 08. Januar 1946*

*Lieber Heinz,*

*Herr D. sagt mir heute von seiner Abreise morgen früh, darum schnell ein paar Zeilen zum Mitnehmen. Bist Du gut angekommen? Rad und Lampe habe ich am nächsten Tag geholt. Komisch, nach so einem längeren Besuch von Dir kommt mir die Wohnung trotz ihrer Kleinheit und Tollheit wieder leer vor. Ich bin jetzt feste bei der Näherei, d. h. Flickerei, die beiden Kleinen kriegen schon was kaputt, ganz toll. Ist aber auch kein Wunder, es sind ja alles alte Klamotten. Alfred schrieb aus Fakenham, er arbeitet in der Landwirtschaft und würde jetzt öfter schreiben können. Ob er da so bald wieder heraus und nach Hause kommt? Hoffentlich geht es ihm dort nicht schlechter als damals den Franzosen hier, dann könnten wir fürs erste zufrieden sein. Das Stöckchen für Klaus' Holzschuhe muss 27 cm lang sein. Die Holzschuhe vom „Christkindchen" sind ihm schon zu klein. Der arme Kerl kommt schon fast gar nicht mehr zum Spielen raus, weil er nichts an den Füßen hat.*

*Herr D. fährt wohl mit hochgeblähten Segeln, na, er wird Dir's ja erzählen. Da hat er Glück gehabt! Ich gönne es ihnen natürlich herzlich. Er bringt Dir ein Päckchen Printen mit. Wenn ich es mit der Post schicke, käme es vielleicht gerade recht zu Deinem Geburtstag und zu unserem " 9-Jährigen". Kannst Du es bis dahin verwahren? Nee! Aber schmecken tun die Dinger auch nicht so gut, wie die von Weihnachten, trotzdem nichts daran gespart wurde. Aber das ausländische Weizenmehl ist nun bereits derselbe*

*Mist wie das hiesige und schmeckt nach Kleie. Es soll ja auch in Deutschland ausgemahlen worden sein.*

*Lässt Du Dir zum Geburtstag zum 40. schon gratulieren? Aber schicke ich meinen Glückwunsch mit der Post, weiß ich doch nicht, ob er nicht zu früh oder zu spät kommt. Darum lies diesen Absatz am 12. und 13. Januar noch mal und stelle Dir dabei vor, dass ich Dich feste in die Arme nehme und Dir ganz herzlich Glück wünsche und alles Gute. Glück? Ich denke, man sucht sich von dem, was kommt, das Beste heraus und hält es für Glück. Na, ja, auf jeden Fall besteht doch jetzt - seit vielen Jahren - endlich die Aussicht, dass dies die letzten Geburtstage (meinen gebe ich noch dazu) sind, die wir getrennt verleben müssen. Und das ist auch schon was wert. Also, lieber Heinz, trink' Dir am 12. und 13. einen an, wenn Du kannst und hast, und denke ein bisschen an mich, wie ich auch am Samstag - Sonntag feste an Dich denken will. Ein kleines Gebet füreinander wollen wir an diesen Tagen aber auch nicht vergessen, nicht wahr?*

*Und dann erfüll' mir die Bitte und erzähle S. nicht, was mir an ihrem Besuch nicht gefallen hat. Ihr braucht Euch meinetwegen nicht zu zanken. Schade alles, es könnte anders sein. So, nun Schluss. Zu einem 2. Bogen reicht mein Schädel heut nicht hin, der sich seit 2 Tagen mit blöden Kopfschmerzen und Schnupfen herumquält. Kamillenkopfbäder am lfd. Band, ist auch schon etwas besser heute. Die Lütten sind gesund. Einen lieben festen Kuss und am 12. und 13. noch mal einen und viele herzliche Grüße von Deiner*

*Erna.*

*Lieber Papa, zum Geburtstag nimmt Dich Deine kleine Dicke ganz feste in den Arm. Ein Küsschen von Deiner Mechthild.*

130

*Lieber Papa, auch ich gebe Dir zum Geburtstag einen festen Kuss. Deine kleine Angela.*

(Der 12. war beider Hochzeitstag und der 13. der Geburtstag meines Vaters.)

Für den Holtener Kindergarten wurden einige Sachen bzw. Möbelchen dringend benötigt. Meine Mutter sollte alles organisieren und die Stücke sollten mit unserem Umzug im Waggon verladen werden. Sie hat da so ihre Bedenken. Davon im nächsten Brief.

*Brief vom 17. Januar 1946*

*Mein lieber Heinz,*

*ich könnte mir denken, dass Du gestern ein bisschen böse warst, als Herr D. ohne einen Brief von uns ankam, stimmt's? Aber sei wieder gut. In der kurzen Zeit hätte ich doch nicht viel mehr schreiben könne, als was Herr D. von uns bestellt hat, nämlich herzliche Grüße und dass wir soweit gesund sind. Die Oma war nämlich da, für die wir ein Kleid nähen wollten, dazwischen die Kinder, da hätte ich doch keine Ruhe zum Schreiben gehabt. D. kam nämlich am Dienstagnachmittag an und sagte mir, dass er am anderen Morgen noch mal zurück fahren wollte. Vormittags hatte ich Mechthild hingeschickt, weil ich schon dachte, er wäre überhaupt noch nicht da.*

*Es ist wieder tüchtig kalt geworden. Ich denke an unsere schön geheizte Wohnung zu Hause bei Dir. Unser Schlafzimmer hier, puh! Die Ziegelsteine haben angestrengten Dienst. Das Heizkissen habe ich nun auch noch rausgeholt. Ich quäle mich nämlich mit einem bisschen Ischias herum. Ein scheußliches Ziehen im Sitzfleisch, auf beiden*

*Seiten bis in die Schenkel, manchmal bis in die Waden. Hoffentlich werde ich es bald wieder los. Meine Erkältung von damals ist wieder weg. Kopfschmerzen habe ich ja leider wieder recht oft. Aber da hilft kein Schnaps und meistens auch keine Tablette mehr. Ich denke, dass das zum Sommer, wenn man nicht mehr so viel im Zimmer sitzt, auch so wieder besser wird.*

*Deinen Brief der Reihe nach zu lesen, war ein kleines Meisterstück. Aber macht Spaß. Die Hauptsache ist ja, dass ich, d.h. wir alle drei, uns mal wieder über einen Brief vom Papa freuen konnten. Deine Rückreise war ja einigermaßen gut. Über die geplatzten Würste habe ich lachen müssen, mit einem Auge, mit dem anderen habe ich Oeynh. eine Träne nachgeweint. Da scheint uns der Liebe Gott in Oberhausen lassen zu wollen, oder sollen wir nach Hagen? (siehe beil. Anzeige). Herr D. hat mir bis jetzt keine Sonderabschnitte gegeben, die Du ihm mitgeben wolltest. Es gibt aber darauf diesmal nur Seife und Waschpulver. Quark gibt es diese Periode nicht, Orangeade und Salattunke und Essig werde ich noch besorgen, auch Briefmarken. Das Holz hat Willi noch nicht geholt. Es eilt ja auch nicht. Soll ich es übrigens schneiden lassen und klein machen? Oder nehmen wir evtl. die langen Scheiter mit nach dort?*

*Alfred hat noch nicht wieder geschrieben. Mit Klaus seinem Maß für Holzschuhe stimmt es. Der lebt auf großem Fuß und dann ist natürlich was zugegeben für 'n doppelten Strumpf und evtl. Stoffschläppchen. Ohne ein Heft zum Notieren, was nachher alles mitsoll, geht es wahrhaftig nicht; ich glaube, wir brauchen 2 Waggons. 10 Leiterwagen, 30 Kinderstühlchen - Tische, na, ich will ja alles versuchen, aber ob es glückt, weiß ich nicht.*

*Ich werfe diesen Brief morgen früh in Karlshafen ab. Achte mal darauf, wie lange er unterwegs ist. Wenn ich ihn hier einwerfe, kommt er erst Sonntag früh von Beverungen ab. Hoffentlich klappt das Radfahren. Zu Fuß komme ich nicht hin mit meinen Beinen. Alterserscheinungen! Wie war's in Hagen? Hast Du alte Freunde getroffen? Oder sonst was angestiftet?*

*Angela hatte vorige Tage mal Bauchweh und dazu ein ganz weißes Näschen. Als ich sie in der Schule entschuldigte, sagte die Lehrerin, das Fehlen bei Angela sei nicht schlimm, sie sei die Beste der Klasse. (Das Bauchweh war auch am anderen Tag schon wieder weg.) Sonst gibt's hier gar nichts Neues. Herr Dachs ist wieder gesund. Morgen schlachten sie das zweite Schwein! Ich wünschte, das könnten wir auch.*

*Nun ist es schon wieder spät geworden und es wird langsam kalt in der Küche. Darum schnell in die Heia. Wenn Du nur man mit dabei wärest und wenn's nur zum Anwärmen wäre. Ich bin ja so bescheiden. Nun Gute Nacht und viele herzliche Grüße von uns allen und einen festen Kuss dazu von Deiner*

*Erna.*

*Ein paar Brotmarken und ein Handschuhmuster liegen bei. Es ist Deine Handschuh-Nummer, 8 1/2, die wolltest Du doch haben? Das Muster für meine Hand ist natürlich kleiner. Deine E.*

*Brief vom 27. Januar 1946*

*Lieber Heinz,*

*nun wird' s aber auch bald Zeit, nicht wahr, und recht hast Du auch! Aber hoffentlich ist es mit dem Briefeschreiben bald zu Ende und wir sind wieder alle zu Hause bei Dir. Else ist nun seit Dienstag hier, sie schläft bei mir und ist heute Abend zum Abendessen von Tante eingeladen. Da bin ich nun ungestört und kann endlich mal schreiben. Karte, Briefe von Herrn D. und Else, alles da, herzlichen Dank. Deine Auffassung, dass ich Dir damals "nichts zu schreiben hatte", ist doch etwas daneben. Ich möchte mich aber nicht mehr weiter dazu äußern, wenigstens nicht brieflich. Es freut mich, dass es Dir gut geht. Abwechslung hast Du ja auch genug und bist anscheinend kaum noch die halbe Zeit zu Hause. Einige Briefmarken habe ich bekommen, aber 80er oder 40er nicht, kein Gedanke daran. Da waren andere schneller als wir oder die Post behält sie ein. Wegen der Ziege: den Schäfer haben wir noch nicht aufgetrieben. Willi hat die ganzen Tage Mist gefahren, aber ihn nirgendwo gesehen. Er zöge bei diesem Frostwetter auch nicht umher, sondern bliebe in irgendeiner Scheune, bis es wieder offenes Wetter würde. Gestern ist Elisabeth hier angekommen. Ich habe sie noch nicht gesprochen. Natürlich werde ich sie in den nächsten Tagen mal wegen der Hühner fragen.*

*Du schreibst auch, ich soll in den Gärtnereien wegen Blumen oder Sträucher fragen. Ich glaube aber, dass wir in unserem Garten jedes Plätzchen für Gemüse gebrauchen müssen, meinst Du nicht auch? Allenfalls für den Vorgarten würde ich es versuchen. Unter den Fleischmarken steht unter der ersten Woche Fisch, in der 2. und 3. Woche nichts, in der 4. Woche noch 50g Fleisch. In dieser Periode kann ich Dir nicht gut Fleischmarken schicken. Die Schlachterei hat nun ein Ende und es ist gar nichts mehr* so nebenbei zu ergattern. Mechthild freut sich schon auf den Sonntag, "weil wir dann wieder Fleisch essen". Vielleicht können wir von der nächsten und übernächsten Periode was zusammen nehmen. Denn 300g sind immerhin fast eine ganze Monatsration. Die 1L-Dose wird 1kg Fleisch enthalten. Sofort deswegen konnte ich nicht schreiben, weil Else erst heute Morgen mit diesem Brief herausrückte. Ich hatte sie zwar auch nicht danach gefragt, weil ich ja gerade erst einen Brief von Dir durch Herrn D. erhalten hatte.

Konnis Maß für Holzschuhe ist 26-27cm. Ich glaube ja nun auch, dass Hilde das Maß für Klaus sehr reichlich angegeben hat. Aber immerhin ist Klaus nicht mehr viel kleiner als Konni. Klaus also auch 27cm. Deine Strümpfe hat Else vergessen. Ich gebe ihr dann Stopfgarn mit. Else sagt, Mia in Hattingen würde sie Dir dann fertigmachen. Mechthilds Namenstag steht im Kalender am 10.4.. Aber in "Helden und Heilige" stand er Ende Januar. Das Buch habe ich nun in 2 Kartons gesucht und nicht gefunden. Die anderen Kartons sind so zugerammelt, dass ich nicht dran kann. Wir feiern nun ihren Namenstag und meinen Geburtstag zusammen am 9. bzw. 10. Februar. Vielleicht verlegen wir später den Namenstag auf April, dann gibt es doch schon ein paar Blümchen, die doch auf jeden Namenstagstisch gehören.

Ich habe hier noch nichts davon gehört, dass die Evakuierten zurück müssen. Aber wir w o l l t e n  ja selbst zurück. Das Tütchen mit den Plätzchen ist von den Kleinen natürlich mit Freuden begrüßt worden, und sie sagen dem Papa auch danke schön. Elses Vorschlag mit dem Kreuz für Ulrichs Grab ist sehr gut. Das würde mir viel besser gefallen als die Kreuze, die jetzt serienweise gemacht werden.

Es ist tüchtig kalt, hier im Schlafzimmer haben wir schon "0" Grad gehabt. Heute scheint es etwas wärmer zu wer-

*den. Hoffentlich! Das Kiefernholz muss ich klein machen. Ich habe gestern mit Schrecken gesehen, dass ich die letzte Lage, nicht wie ich dachte, die vorletzte, angefangen habe. Das gibt dann mal wieder für ein paar Tage Muskelkater. Alfred schreibt jetzt öfter, hat aber von hier keine Post bekommen. Ich hoffe, dass Du in 14 Tagen hier bist und wir wieder ein paar schöne Tage zusammen verleben können, oder wird es diesmal nur ein kurzer Besuch? Ist Eure Anlage noch nicht fertig im Werk? Sie sollte doch zum 5.1. bereits fertig sein.*

*Es wäre ja so schön, wenn es mit Karlshafen klappte. Aber das zieht sich lange hin. So lange können wir ja gar nicht hierbleiben. Die Zahnarztrechnung liegt bei. Sieh mal zu, was Du zurück kriegst. Da sind natürlich nicht die Behandlungskosten bei, nur für Ersatz. Ersteres rechnet der Arzt wohl mit der Krankenkasse ab. Nun weiß ich nichts Neues mehr. Lass Dich mal feste drücken bis "Schwarzbrot" von den Lütten und von mir viele herzliche Grüße und einen Kuss von Deiner*

*Erna.*

"Schwarzbrot"erklärung siehe nach dem Brief vom 18.02.46


*Brief vom 03. Februar 1946*

*Lieber Heinz,*

*gestern kam Dein dicker Einschreibbrief, herzlichen Dank. Ich habe mich sehr gefreut und auch tüchtig lachen müssen über meine nachträgliche Ehrenrettung. Da siehst Du also doch endlich mal ein, was für eine tüchtige Hausfrau Du hattest! Schade, dass ich Deinem Hausputz am Samstag nicht heimlich zusehen konnte. Hast Du dabei auch geschwitzt? Sonst wär's nämlich nicht richtig. Und beim*

136

nächsten Hausputz sind wir hoffentlich zu Hause. Hoffentlich sitzt auch das Biest (schreibe Bücherbrett) fest genug, dass es nicht der Dicken (die übrigens gegen ihr Konterfei protestiert) eines Tages noch auf den Kopf fällt. Das Pusselspiel ist prachtvoll. Wir haben den ganzen Samstagabend und Sonntag damit gespielt. Oma, Else und ich sind zu beiliegendem Ergebnis für die Sitzecke am Kachelofen zu Hause gekommen, ist doch ein guter Gedanke! Wir könnten sie unter Hinzunahme des Bücherschrankes zu einer Leseecke machen. Was meinst Du zu unserem Vorschlag?

Ich bin gespannt, was Du mir vom Werk erzählen kannst! Die Erwartungen gehen da ja wohl mal rauf und mal runter. Was ich zu dem Kaufvertrag unseres Hauses sage? Ja, ich nehme an, dass das der übliche Heimstätten - Kaufvertrag ist. Inzwischen sind seit meiner damaligen Tätigkeit bei der Treuhandstelle 10 Jahre vergangen. Die damaligen Kaufvertragstexte habe ich natürlich nicht im Kopfe behalten und außerdem wird es in der Zwischenzeit unzählige neue Paragraphen und Bestimmungen gegeben haben. Darüber wollen wir noch mal mündlich sprechen.

Ich rechne ganz bestimmt mit Deinem Besuch am kommenden Samstag. Du hast in Beverungen-Lauenförde gleich Anschluss nach Würgassen. Ich werde, wenn es nicht allzu toll regnet, Dich an der Fähre abholen und wehe Dir, wenn Du nicht kommst! Mein Ischias ist fast weg. Ich habe, weil ich ganz geringen Stromverbrauch habe, das Heizkissen in Gebrauch, allerdings nur abends im Bett. Die Kopfschmerzen sitzen nicht in der Stirnhöhlengegend, habe auch keinen Schnupfen mehr. Das muss was anderes sein. Ich schrieb Dir ja schon, dass ich es darauf zurückführe, dass ich nicht genügend Bewegung in frischer Luft habe, wie im Sommer.

*Die Kinder sind lustig und munter. Else fährt Donnerstag wieder zurück nach Hattingen. (Ihr trefft Euch also hier nicht mehr.)*

*Montag:*

*Soeben hörte ich von Frau D., dass ihr Mann morgen nach Oberhausen fährt. Das ist fein, da ist der Brief morgen Abend schon bei Dir. Also, Du musst Samstag kommen. Ich backe einen Kuchen extra für Deinen und meinen Geburtstag und Mechthilds Namenstag. Wir freuen uns alle drauf (auf Dich natürlich) und nebenbei auch auf den leckeren Kuchen. So, und nun bis zum baldigen Wiedersehen recht herzliche Grüße und von jedem einen festen Kuss, besonders von Deiner*

*Erna.*

*Deine Grüße sind bestellt und werden herzlich erwidert.*

Mein Vater war wohl tatsächlich zum Geburtstagsbesuch dort; er hat aber das Puzzlespiel für die Wohnungseinrichtung „mitgehen lassen".

## Schnee und Hochwasser an Weser und Rhein – trotzdem Aufbruchsstimmung

Nach dem Hochwasser träumt meine Mutter wieder von zu Hause. Sie hat Sehnsucht nach meinem Vater, nach dem Garten und möchte sehen, ob der Frühling dort schon kommt. Sie strebt einen Besuch in Oberhausen an.

*Brief vom 22./24. Februar 1946* (Freitag)

*Lieber Heinz,*

*danke schön für Milchkarte und Brief. Herr D. sagte, dass er Ende dieser Woche nach dort fährt und soll dann diesen Brief mitnehmen. Die Weser ist noch nicht normal, steht noch immer in den unteren Teilen der Wesergärten. Scheußliches Wetter ist's immer noch, heute lag wieder Schnee. Dazu hatte ich Waschtag und der Abfluss bei Tante klappte nicht, da musste ich das ganze Wasser auf den Hof schleppen. Nasse Füße bis an die Knöchel. Na, nun hängt alles und ich hab' Feierabend.*

*Den Schäfer habe ich immer noch nicht gesprochen. Der hat augenblicklich bei den Schafen einen anderen jungen Mann, der nichts davon weiß. Der Schäfer wohnt in Helmarshausen und da im Moment eine ganz scharfe Sperre ist durch die Amis, muss ich noch mal wieder ein paar Tage warten, bis die Kontrolle lockerer wird, und versuchen, mal oben durch die Felder zu gehen. Hoffentlich geht uns das Schaf nicht an der Nase vorbei. Braune Feldbohnen bekomme ich von Tante welche, aber nur zum Kochen, denn die sind alle kaputtgedroschen. Wenn nicht im Dorfe, kriege ich welche vom Hasselhof (ganze zur Saat, meine ich). Der Hasselhof gibt welche ab, evtl. nehme ich 10 Pfd., wenn ich sie kriegen kann. Ich schicke Dir in der nächsten Woche also welche als Päckchen.*

*Vor mir steht ein Glas mit Schneeglöckchen aus Tantes Garten, nun muss der Winter bald verschwinden. Sind im Steingarten auch alle da, oder fehlen welche? Ich freue mich schon auf unseren Garten, wenn wir wieder nach Hause kommen. Hoffentlich kommt nicht wieder was dazwischen. Wenn du nächstens kommst, fahre ich mit mal für evtl. 14 Tage nach Hause, wenn es bis dahin mit dem Umzug noch nicht so weit ist. Ich habe schon mit Oma* gesprochen. Sie kommt dann für diese Zeit in meine Wohnung. Die Kinder müssen ja dann wohl hierbleiben so lange. Es fällt mir gar nicht leicht, mich von ihnen zu trennen, und ich weiß auch noch nicht recht, ob ich es tun soll. Else hat noch nicht geschrieben, seit sie weg ist. Hast Du eigentlich das Pusselspiel wieder mitgenommen? Ich finde es nicht in der Mappe. Sonst nichts Neues im Dorfe. Dir geht es doch wie immer? Halt noch ein paar Wochen aus, dann sind wir wieder alle zusammen. Und nun für heute herzliche Grüße und den festen Kuss nicht vergessen. Deine

Erna.

Da Herr D. erst Montag fährt, kann ich heute das Blatt noch vollschreiben. Schreibe doch mal, wenn ich wider Erwarten die Kinderstühlchen und -tische für den Holtener Kindergarten nächstens kriegen sollte, wie soll ich das machen? Sofort nach dort schicken lassen und bezahlen? Und an welche Adresse? Oder nehme ich die Sachen nach hier, dass sie in unserem Waggon mitkommen? Ich denke, wir kriegen den Waggon schon so voll genug, ohne diese fremden Sachen.

Es ist wieder ein toller Sturm draußen, das Haus fliegt bald um. Die Weser steigt schon wieder. Von Else kriegte ich heute Post, auch Alfred schreibt jetzt an Hilde und meine Mutter. Angela und Mechthild haben auch einen Brief geschrieben, ich weiß aber jetzt nicht, wohin sie ihn versteckt haben, sie selbst schlafen schon. So - Licht aus (d.h. kein Strom), gut, dass ich fertig bin. Schreibe nun bei der Funzel. Nochmals herzliche Grüße von uns dreien, besonders von Deiner

Erna.

*Sonntag* (24.2.46)*:*

*Ich habe gerade mal die Negative durchgesehen und lege 3 davon bei. Die letzten Aufnahmen von Ulrich finde ich aber nicht, die sind nicht in dem Päckchen, in dem die übrigen Kassetten liegen. Sollen die auch in dem Koffer sein? Ich habe noch nicht alles durchgesehen; nur diesen einen Packen. Besonders von dem beiliegenden Bild finde ich den Film nicht. Hast Du den vielleicht schon mal herausgesucht und mitgenommen? Diese Woche war einer von Höxter hier und wollte auch Aufträge für Vergrößerungen haben. Ich habe abgelehnt. Ich möchte für mich keine Vergrößerung haben, nur für die Omas, Opa und Tanten evtl. Die Bilder, auf denen Ulrich zwischen uns sitzt oder steht, sind mir so am liebsten. Wir können uns ja immer noch später von einigen Bildern mit uns allen Fünfen eine Vergrößerung kleineren Formats (Postkartengröße oder so) machen. Aber einen Ausschnitt von unserem Jungen hinter Glas und Rahmen täglich vor mir zu sehen, das geht über meine Kraft. Und ich glaube, auch Du würdest ein solches Bild bald wieder von der Wand nehmen. Und nun zum dritten Male Schluss mit vielen herzlichen Grüßen von Deiner*

*Erna.*

Die nächsten Briefe schreibt mein **Vater an** meine Mutter. Leider wurden von seinen Briefen nur zwei noch vorgefunden. Sie scheinen zusammen in einer Sendung geschickt worden zu sein, außerdem überschneiden sich die Briefe mit denen meiner Mutter.

Auch er deutet an, dass er gerne an der Weser bleiben möchte, und hofft wohl immer noch auf eine Stellung in Karlshafen. Sicher weiß er, wie schwer meiner Mutter der Abschied von dem kleinen Grab auf der Höhe wird.

*Brief vom 18. Februar 1946* (Montag)

*Liebe Erna,*

*den Brief mit einer Milchkarte hast Du hoffentlich schon. Hat sich der Milchverkäufer kariert angestellt? Sonst ist hier alles klar. Samstag - Sonntag bin ich zu Hause geblieben. Samstag habe ich einen Pfosten gesetzt (Tor an der Straße) und in der Garage aufgeräumt, Sonntag im Steingarten für die Schneeglöckchen Luft gemacht. (Es sind noch 5 Placken drin.) Einige andere Zwiebelgewächse kommen auch schon. Die Terrasse habe ich ordentlich sauber gemacht. Bei gutem Wetter will ich langsam weitermachen. - Gestern Abend tauchte Fam. Str. auf. Ich auf einer Matratze, U. und F. auf der anderen, die beiden Kinder auf einer Matratze auf der Erde. Nun fehlt mir nur noch Herr D. Der will ja kommen und sein Bettzeug holen. War er wegen der Gummistiefel nochmal dort? - Denke an die Feldbohnen, die ich in die Erde tun will.*

*Morgen geht ein Brief ab zur Emschergenossenschaft als "Betriebsleiter für Klär- und Pumpenanlagen". Wer weiß. Die Stellung wäre nicht schlecht. - Was macht Oma, geht es ihr wieder besser? Hoffentlich. Und was machst Du und die Kinder? Bekommst Du allmählich die "Unruhe" von wegen Umzug? Ich wollte, wir brauchten es nicht. - Gehe doch Anfang März mal rüber zu Herrn Lotz. (Fährt das Boot in Karlshafen schon wieder?) Ich glaube, Du kannst da ruhig hingehen, sage, ich könnte zur Zeit nicht kommen. Dann bleibt man wenigstens auf dem Laufenden. Sonst alles klar und ich weiß nichts mehr. Euch allen dort herzliche Grüße, den Kleinen und Dir einen festen Schwarzbrotkuss extra. Dein*

*Heinz.*

Ein Schwarzbrotkuss oder -umarmung war einmal **feste** Küssen oder Drücken. **Leichtes** Drücken und Küssen fiel

142

unter die Kategorie Stuten. Diese Angewohnheiten bzw. Redewendungen setzte mein Vater auch später mit uns weiter fort.

*Dienstag* (19.2.46)

*Anbei eine Karte von Hilde. Sie hätte mich ja sprechen können, als ich dort war. Soll ich ihr nun schreiben, was mit der Platte los war oder soll ich das Ding ihr zuschicken? – Fritz' Waggon ist schon da. Wir fangen gleich an, ihn auszupacken. Ihnen geht es soweit gut und lassen Dich herzlich grüßen. - Weißt Du, wo das blaugraue Hemd ist? Fliegerhemd? Ein Kragen ist hier. -*

*Freitagabend, 22. Februar 1946*

*Liebe Erna,*

*viel Neues hat sich nicht ereignet. Am Dienstag wollte ich den Brief nach Beverungen mitgeben. Das klappte aber nicht so, da dachte ich, dann nimmt ihn D. mit. Nun ist der aber noch nicht hier gewesen, Gottseidank. Sonst wüsste ich auch noch nicht, wohin mit ihm. Er kann allerdings in der Nachbarschaft schlafen. Fam. Str. ist noch hier. D. h., Fritz schläft in der Baracke und wir zusammen in meinem Zimmer. Ich wollte mal zuerst nicht, ich wollte in die Baracke (mir war das gar nicht recht), nun bin ich froh, dass ich bei dem Sauwetter nicht mehr raus brauche. Zwar könnten böse Geister auf einen bösen Einfall kommen, aber U. schläft mit dem Kind zusammen, und ich habe diese paar Tage mehr als einmal gedacht - Gottseidank, dass es mit U. 1930 schiefgegangen ist! (Wirklich ehrlich gedacht!) Man ist doch manchmal verrückt, wenn man jung ist. (Nicht immer). Na, ehe ich jetzt auf 'nen krummen Gedanken komme, denke ich lieber an ein junges Mädchen! (Höre, höre… ) Du bist mir doch nicht böse? Also, es wird Zeit, dass Du nach Hause kommst! Wie ist's damit? Der Termin kommt immer näher! Was denkst Du? Viele sagen immer noch, der nächste Winter würde schlimmer, oder sollen wir da noch drauf warten? Ich möchte das nur mit Karlshafen klar haben. Das ist noch mein einziger Brennpunkt. Wenn es nun wirklich Aprilende wird?*

*Ab Montag arbeiten wir wieder von 7 bis 4 Uhr. Da kann ich ja abends im Garten schon anfangen. D. h. angefangen habe ich schon. Ich will den Weinstock ans Haus setzen. Draht für den Hühnerstall habe ich auch schon. Hoffentlich treiben wir irgendwo 2 Hühner auf. Die müssen den Sommer über schon mal reichen. Ich denke immer noch an einen Leiterwagen, ich muss einen haben für Osterhoff, damit wir auf jeden Fall das Lamm bekommen. Weißt Du dranzukommen?*

*In Wesel war ich noch nicht wieder. Habe keine Traute, von wegen schlechtem Wetter, morgens ist manchmal wundervolles Wetter und dann gibt es hinterher - wie heute - Schnee, dort auch? Wie ist es mit dem Hochwasser abgelaufen? Viel Schaden angerichtet? Hier am Rhein ist es gut gegangen. Das Wasser stand an den Deichen bis zur Oberkante. Ich hätte es gerne mal gesehen. Hatte aber keine Lust, bei dem Wetter dahin zu fahren. –*

*Die Karte kam auch an (wegen Milchkarte), die wird ja inzwischen wieder dort sein, oder nicht? Du, bei dem Umzug von Str. habe ich gesehen, dass die Möhren sehr stark faul waren. Sieh zu, dass Du von Tante Möhren bekommst und trockne sie, (Streifen schneiden), das geht ganz gut und Möhren kann man ganz gut trocknen. Dann können wir sie auch evtl. verwahren. Wenn Du Brotmarken übrig hast, dann trockne nochmal Brot. Oder schicke die Marken und ich trockne Stuten. (Für den Fall, dass es bis zur neuen Ernte auf einmal wieder weniger Brot gibt.)*

*Ich denke noch an vergangenes Jahr, da saß ich um diese Zeit in Mülheim beim Volkssturm. Junge, Junge, habe ich Glück gehabt.*

*Hast Du es nochmal mit dem Kartoffeltrocknen versucht? Du musst es machen. Und vielleicht kannst Du noch irgendwo ein paar Kartoffeln auftreiben gegen flüssige Seife oder Waschpulver; wenn es im Herbst wieder so mau mit den Kartoffeln wird, dann haben wir vielleicht noch ein paar alte, getrocknete. Du denkst auch, wer weiß, was bis dahin ist! - Bei unserem Professor Martin ist vergangene Woche eingebrochen worden. Nachts! Haus umstellt - Deutsche! Alles - Kleidung und Esswaren - restlos weg. Und dabei wohnen in der Villa links und rechts daneben Engländer! Hoffentlich wird das nicht schlimmer. Das ist genau wie nach 1918!*

*Du, was denkt man dabei: 1.) Ich hatte so 'n bisschen Knies mit T. wegen der Waschmaschine, die hat nämlich bei 2x Waschen dicht neben dem Waschkessel im Keller gestanden, als die ihre Wäsche kochten. Z. Zt. schwer leck. Hoffentlich kommt sie wieder hin. Natürlich war der Ofen nicht heiß, ich hätte lieber Wasser rein schütten sollen! Na, Antwort kannst Du Dir von mir denken.*

*2.) Das war heute: Nun haben T. irgendwo wieder Fisch bekommen. (Auf meine Karte natürlich nicht.) Geben von diesem Fisch ein Stück an Str. (so ca. 15 cm, weil er nämlich keinen Fisch isst.) Ich bekam zur Strafe natürlich keinen. Na, nun 3.): Str. essen dieses Stück auch schön alleine auf. U. hält noch so ein Stückchen übrig, d.h. zurück für morgen. Ich habe nun wirklich keinen Hunger drauf. Aber wenn man 3x abends Kartoffeln für eine Gemüsesuppe zur Verfügung stellt für 4 Personen und darf sich dann 2x halb sattessen als Gegenleistung von dem Mitgebrachten und stellt dann Fisch in den Schrank und dazu noch, nachdem man den Umzug mitgemacht hat! Dann*

145

*fasst man sich an den Kopf, aber bald hört das bei mir auf. Jedenfalls bin ich jetzt in diesem Falle im Bilde, und da wird in Zukunft bei mir nichts zu erben sein. Die Frage nach Samen fiel anschließend an den Fisch. Das kam passend. In einer Art bin ich froh, dass Str. nicht im Herbst kamen. Das wäre mit U. nicht gut gegangen, denn so etwas kann ich nicht gut leiden. Was sagst Du dazu, habe ich recht, oder bin ich schon so gierig, dass ich scheel auf ein anderes Butterbrot sehe? Kameradschaft scheint es nur immer von einer Seite zu geben. Für Samstag sollte ich mich an einem Kuchen beteiligen, habe aber schnell abgewinkt, fahre lieber nach Essen oder noch lieber nach Hattingen. Na, ich habe so 'n Gefühl im Hals wie ranziger Lebertran!*

*Du lachst, wie komme ich drauf? Ich habe im Keller noch einen Rest von damals gefunden und habe meine Schuhe damit eingerieben. Nun habe ich doch eine kleine Pfanne, die ich zur Benutzung nehmen will und habe die mit Fett ausglühen wollen. Da fiel mir der Tran ein. Ich habe es mit einem Teelöffel voll probiert. Erst stank es ordentlich, aber nun ist die Pfanne so eingefettet, wie sie sein muss, und der Trangeruch ist weg. Ab morgen wird mit dem Rest Pfannkuchen gebacken. Bekommen bei Euch die Kinder auch jetzt auf der Karte Lebertran? Wenn nicht, schicke die Abschnitte sofort hierher. U. kommt gerade und bringt mir ein Tellerchen voll gerösteter Haferflocken - was nun?*

*Am Mittwoch war ich im Kino "Romantische Brautfahrt", war ganz nett. Wenn Du wieder hier bist, gehen wir öfter zusammen. Die Filme sind alle ganz gut jetzt, ohne Tendenz. Woche vorher war Tonelli - Künstlerfilm (Artisten/ Seilartisten), prima. Handlung so nebenbei. Vor 14 Tagen war Serenade, aber das habe ich dir ja schon erzählt. So, nun Schluss für heute. Es ist 23 Uhr. Gute Nacht, Erna.*

*Kannst Du dort auf Nährmittel Haferflocken bekommen, nicht Weizen. Dann kaufe sie.*

*Montag.* (25.2.46)

*Samstag war ein Sauwetter, ich dachte an eine 2. Hochflut. Da habe ich, um nicht den ganzen Tag und Sonntag im Bau sitzen zu müssen, meinen Rucksack gepackt und bin nach Essen gefahren, bin auch dabei ausgekniffen, auf die Dauer - na, ich würde plöm, plöm. Es ist doch ein Unterschied, ob die eigenen Trabanten oder…. Also, über Nacht bei Max. Die Fahrraddecke bin ich auch los, die hat Vater Max… nun, wieder mal Schwamm drüber. Rad hat er selbst. Also kann ich eines verscheuern. Du, gib die Gummistiefel mal noch nicht so ab, schließlich bekomme ich hier 'n Schaf dafür, weil sie ja die Wolle - die wollen sie hier ja gerade haben - auch abgeben müssen. Also langsam. Na, Samstagabend ein bisschen erzählt noch. Dann ins Bett und Sonntagmorgen nach Hattingen: 8:20 Uhr ab Essen, 9 Uhr in die Kirche! Mia und Erich waren auch drin. Schneewetter. Und mittags nach Nierendorf zu dem Bildhauer. War ganz interessant. Abends dort geschlafen. Montagmorgen 5:15 Uhr gefahren, Else fuhr 5:30Uhr, wir gingen zusammen zum Bahnhof. Soll Dich und Oma von allen dreien grüßen. Else ist gut angekommen. Altenbeken hatte gerade kein Hochwasser.*

*Ich habe in Hattingen eine elektrische Kochplatte bekommen, 35 RM. Na, hat mich auch amüsiert. Erich hatte, wie ich das letzte Mal da war, eine neue Platte, ca. 20 cm im Durchmesser, 15 RM. Er sollte mir auch eine besorgen. (Else hatte nicht gesagt, sie wolle eine haben.) Erich tut das auch, nun wollte Else die große und billige, die andre sollte ich nun nehmen. Die ist nur 15 cm, also fast zu klein, und Mia bekam nichts drauf zum Kochen. Welche Überschrift? - Klappt sie nicht, bringe ich sie wieder zurück. An*

*Hilde schicke ich die alte Platte per Postpaket, die ab heute wieder zugelassen sind.*

*Auf dem Werk ist wieder mehr Hoffnung, weil in der Zeitung stand, dass Benzin selbst erzeugt werden darf bis zur Regelung der Einfuhr. Also vielleicht - das ist meine einzige Sorge. Und ich denke immer noch an Karlshafen. Wenn uns nur Ulrich hilft. Ich habe wohl sehr oft dieselben Gedanken wie Du, und an Euch denke ich oft, wie wird es, wenn wir alle wieder zusammen sind.*

*Eben traf ich D. und er gab mir Deinen Brief. Ich danke Dir. Will nun schnell zu Ende machen, weil D. ja wieder sofort zurück fährt. (D. h. morgen früh.) Warum hast Du denn bei der Wäsche nicht meine Stiefel angezogen? Hoffentlich hast Du Dir keinen Pieps geholt. Lasse das mit dem Schaf sein, sonst landest Du auch noch in Hofgeismar. Hast Du von Tante schon die Möhren? Also, trocknen! Lasse Dir ruhig kaputte Bohnen geben. Essen kann man die und ein paar Saatbohnen werden wir doch wohl bekommen? Wie ist es mit Stangenbohnen? Stangen habe ich. 1/2 – Zoll - Rohre, schön rostig, damit die Ranken sich halten können. 4 m lang! Prima. Im Garten scheinen die Höstl noch alle, bis auf einen, da zu sein. Auch die Osterblumen sind da. Schreibe nur nicht - hoffentlich kommt nicht was dazwischen mit meinem Kommen. Ich mag da gar nicht dran denken.*

*Tische und Stühle könnten evtl. mit unserem Waggon gehen. Sonst an Kath. Kirchengemeinde Holten, Pfarrer Schallenberg. Sturm war hier vergangene Tage auch ganz toll. U. bestellt gerade viele Grüße. Du fehltest hier noch in dem Nachtquartier. Von gestern ist nur ein Stückchen Kuchen verwahrt worden. Das Pusselspiel schicke ich wieder mit, wenn ich' s nicht verpasse.*

*Stellen die Couch mal an die Längswand im Straßenzim-mer, Tür gegenüber. Klavier dann in den Durchbruch. Ich meine, das sähe besser aus. Na, wir werden es schon sehen. - Mit dem Kuhlmann habe ich schon gesprochen, der will mitkommen, die Sachen verpacken helfen. (Der Starke von damals.) –*

*Wo die anderen Negative sind, weiß ich nicht. Weg sind sie nicht. Sind sicher im Blechkoffer. Was Du von den Bildern schreibst, stimmt. Aber große Bilder lasse ich doch machen und lege sie in den Bücherschrank. Else hat ein großes. Aber es geht einem in die Knochen. Aber wir müssen vernünftig sein. Ulrich hat's besser und Du weißt ja, wir haben ihn da oben nötig. Lasse keine Bilder von Reisenden machen, die bekomme ich besser gemacht. Ich lege ein Gedicht aus dem Schiestl - Buch von Else bei. Ein Bild von Schiestl, ein Bach und daneben ein Kind in einer Wiese: "Gottes Wille kennt keine Warnung". Ich sprach vor Tagen mit Frl. Altm. auch noch über Ulrich. Ein Schriftstel-ler schreibt über den Kindermord von Bethlehem, dass der Herrgott nicht bloß junge Sünder im Himmel haben will, sondern dort auch reine Menschen näher bei sich haben will und dazu gehören die Kinder und darum sterben Kin-der......... So ähnlich war es. Mit Frl. Altm. kann man sich manchmal fein unterhalten. Ab und zu gehe ich schon mal hin. Hast Du das Buch "unser Heim" schon durchgeführt (durchgesehen?)? Etwas können wir daraus noch verwer-ten.*

*Schicke mir doch mal Deine "Fußsohle" und die der Kin-der. Mit Bleistift rundherum. Wenn Alfred auftaucht, er kann hier bei einer Firma sofort anfangen, aber wo lassen wir ihn? Kammer oben? Doch ziehen T. mal oben auf ein Zimmer. Haben sich damit abgefunden. Bemühen sich allerdings auch um eine andere Wohnung. Hoffentlich klappt das. So, nun denke ich, dass ich mal wieder alles*

149

*geschrieben habe. Bleibe Du meine liebe Erna und sei mit den Kindern herzlich gegrüßt und fest in die Arme nehme ich Dich auch. Grüße Oma und Trabanten. Warst Du noch bei Elisabeth? 2 Hühner müssen wir haben. Draht für den Stall und Latten habe ich auch schon. Dein*

*Heinz.     Schreibe bald wieder.*

Unser Dorf bestand aus dem Ober- und Unterdorf. Tantes Hof lag im Oberdorf. Gegenüber dem Wohnhaus führte die Straße kurz und steil an dem bewussten Obstgarten vorbei in das Unterdorf. Die Straße dort verlief im Bogen parallel zur oberen Dorfstraße bis zum Dreschplatz und der Fähre an der Weser. Im Unterdorf wohnte Tante Guste, eine Tante meiner Mutter. Bei Hochwasser der Weser war das Unterdorf überflutet. Es wurde ein Ruderboot eingesetzt, um der Tante Verpflegung zu bringen. Wir Mädchen durften mit. Mein Vetter ruderte zum Haus, das Tor stand auf, so dass das Boot gemütlich in die große Tenne schaukeln konnte. Im Obergeschoß verlief, rund um die Tenne, eine Galerie mit einem Holzgeländer. An einer Seite führte eine Holztreppe von oben herab, in diesem Falle ins Wasser. Das blieb ein Erlebnis für uns beide: Wir waren mit einem Boot in ein Haus gefahren!

Je näher der Umzug rückt, um so mehr erhält meine Mutter Aufgaben von zu Hause und muss sich auch noch darum kümmern. Die bestellten Sachen für den Holtener Kindergarten müssen organisiert werden. Während meine Mutter rennt und versucht, alles zu richten, ärgert sich mein Vater zu Hause über die einquartierten Leute. Öfters reißt er aus und besucht Verwandte in Essen und Hattingen. Mit dem Fahrrad fährt er zum Hamstern nach Wesel. Dort kennt er einige Bauern am Niederrhein, die ihm gerne was abgeben.

Diese Freundschaften hielten auch nach dem Krieg noch an. Wir fuhren oft zu ihnen und freuten uns auf leckeren Kuchen und gutes Obst. Der Rhein bei Orsoy war immer ein wunderbarer Ausflug für uns. Mit den Rädern kamen wir schnell dorthin. Diesen Ort erwähnt mein Vater, als er vom Hochwasser berichtet.

Meine Eltern überlegen, wie sie demnächst die Einrichtung zu Hause vornehmen wollen. In Gedanken (und Worten) schieben sie Möbelstücke hin und her, da sie ja nur im Erdgeschoss zwei Zimmer zur Verfügung haben. So wurde später das ehemalige Esszimmer zum Schlafzimmer für 4 Personen. Die zwei Räume teilte im Durchbruch ein schwerer Vorhang, auf dessen Rückseite im Wohnzimmer das Klavier stand. Mit dem schönen Kachelofen bzw. Kamin war es trotz der Enge sehr gemütlich.

Nach ihrem letzten Brief stattete meine Mutter ihrem Zuhause Holten einen Besuch ab, kehrte bald zur Weser zurück und schreibt von der verrückten Fahrt.

*Brief vom 13. März 1946*

*Lieber Heinz,*

*nach einer ganz verrückten Fahrt fahrplanmäßig gelandet. Ich kann von Glück sagen, dass mir nicht ein paar Rippen eingedrückt wurden. In Beverungen stand unser Milchmann und holte jemand ab. Er nahm mich mit, so dass ich noch am Abend zu Hause war. Angela und Oma waren gesund, aber die Dicke hat ein spitzes Gesichtchen bekommen. Hatte sich wohl erkältet, gefiebert und Heimweh nach der Mama gehabt. Nun geht es wohl wieder besser, langsam isst sie auch wieder mit. Hier hat es auf unsere alte Karte, die Du wegen Sauerkraut dort behalten hast, auf den F-Abschnitten pro Kopf 2 dicke Bücklinge gege-*

ben. Wenn Du die Karten noch hast (samt Stammabschnitt) schicke sie mir mal sofort wieder her. Vielleicht kann ich noch irgendwo welche bekommen. Aber es wird wohl zu spät sein. Es hat keinen Zweck, die Karten hin und her zu schieben, man steht sich letzten Endes noch schlechter dabei. Ich schicke trotzdem aber die Nährmittelabschnitte 4, 6 und 8 für Angela mit. Ursula sagte, die Kinder kriegten die Nährmittel voll. Hier nicht, vielleicht kriegst Du sie dort auch. 75 gr. Buttermarken lege ich Dir auch bei.

Eine Speditionsfirma in Höxter - Rouse oder so ähnlich - hat erst in 3 - 4 Wochen einen Möbelwagen frei, ich soll noch mal anrufen. Ich denke aber, dass wir bis dahin schon zu Hause sind. Ich werde Fuhrmeier mal fragen, ob der jemand weiß und in Brakel anrufen, d.h. ich werde mich überall umhören.

Neuigkeiten gibt's hier nicht. Sind Str. noch da? Oma hat es gut mit den Kleinen hier gefallen, sie bliebe noch ganz gern hier, d. h. in meiner Wohnung. Wenn wir wegziehen, will sie natürlich mit. Hier ist immer noch Schneegestöber und recht kalt. Nun Schluss für heute und viele herzliche Grüße und Küsse von uns dreien, besonders von Deiner

Erna.

Lieber Papa. Ich war ein bisschen krank, bin aber bald wieder gesund und dann musst Du uns holen. Herzlichen Gruß und Kuss von Deiner kleinen Mechthild.

Lieber Papa, ich schenke Dir einen dicken Kuss von Deiner lieben Angela.

(Bei den Grüßen an Papa führte uns Mama immer die Hand.)

**Geplatzte Rückkehr (März/ April 1946)**

Allmählich wird die Rückkehr nach Oberhausen geplant. Das Schlimme für meine Mutter war der Gedanke des Abschieds von dem Grab auf der Höhe, das sie zurücklassen musste. Und die körperliche Belastung bei ihrer seelischen Verfassung war zu viel für sie. Das ging über ihre Kraft. Sie brach zusammen. Das verschiebt wieder einmal die Rückkehr nach Oberhausen.

*Brief vom 18. März 1946*

*Lieber Heinz,*

*es fängt schon richtig so an mit dem Umzug. Aber ich kann doch nichts dran ändern. Ich heule schon die ganzen Tage. So auf der Nase gelegen habe ich noch nie. Ich habe einige Male nachts schon Sterbegebete gebetet, weil ich glaubte, jetzt kommt's wie bei meinem Vater - Herzschlag - aus. Nun hat aber der Arzt heute Gott sei Dank "nur" nervöse Störungen, die mit der monatlichen Geschichte zusammenhängen, festgestellt. Herz ganz in Ordnung, Blutgeräusche nicht ganz. Die Sache sei wohl ernst genug zu nehmen, aber auf jeden Fall zu heilen. Die Feststellung hat mir dann wieder Mut und mich "halb gesund" gemacht. Aber liegen muss ich noch. Stell Dir vor, Atemnot, Herzbeklemmungen, Magenbeschwerden, Übelkeit, Würgen, Kopfschmerzen, eisige Hände und Füße, glühender Kopf. Seit Tagen schon nichts mehr gegessen. Das alles manchmal hübsch der Reihe nach, öfter aber alles zusammen. Ich kann Dir sagen, oder vielmehr, da kann man nichts mehr sagen, da kann man nicht einmal mehr heulen. Das tut man dann nur noch in den Zwischenpausen.*

*Seit heute Mittag nun geht es mit Hilfe von Tropfen wieder etwas besser und ich kann Dir diesen jammervollen Brief schreiben. Ich bin also, glaube ich, auch in 8 Tagen noch nicht im Stande, mit der Packerei fertig zu werden Das liegt wie ein unüberwindlicher Berg vor mir. Ich kriege jetzt die Arme nicht mal zum Kämmen hoch. Was machen wir nur? Kannst Du alleine packen? Ich glaube es nicht. Auch für Oma ist es zu viel. Wir werden wohl oder übel etwas warten müssen. Heute kommen Dein Brief und das Telegramm. Ich weiß nicht, was das für Umzugsgenehmigungen sein sollen. Oma will gleich mal Tillmann fragen. Evtl. legt sie diese dann hier mit bei oder wir schicken die Genehmigung gleich hinterher.*

*Nun lass den Kopf nicht auch hängen, es ist genug, dass ich das tue. Sei herzlich gegrüßt und einen festen Kuss von Deiner*

*Ema.*


*Brief vom 20. März 1946*

*Lieber Heinz,*

*nun sitze ich wenigstens schon mal wieder auf dem Sofa, anstatt dauernd zu liegen. Habe auch heute Morgen zum ersten Mal wieder mit gutem Appetit gefrühstückt, sonst immer nur mit Widerwillen einen Bissen hinuntergewürgt. Also von nun an muss es besser gehen, und ich hoffe recht bald wieder zu Kräften zu kommen. Oma ist für ganz hier und ist unbezahlbar. Die Umzugsgenehmigung werde ich so bald wie möglich vom Amt besorgen und Dir schicken. In Höxter gibt es eine Fahrbereitschaft, wie wir jetzt hörten. Die machte solche Transporte zum Industriegebiet und kriegte dafür Benzin von der Milit. Behörde gestellt. Wenn ich nur mal erst wieder auf den Beinen wäre, dass ich mich nach allem richtig erkundigen, evtl. selbst mal nach Höxter fahren könnte. Die Kisten wollen Tantes Leute mitbringen, die müssen doch zum Kornhaus nach Beverungen.*

*Alfred schrieb um einen Zement- oder Betonkalender. Sie trieben dort Baukunde usw., um die Kenntnisse aufzufrischen. Kannst Du vielleicht solchen Kalender auftreiben? Schließlich bekommt er ihn dann doch nicht. Er klagt immer. dass er erst ein einziges Mal Post von hier bekommen habe. Hilde und Oma schreiben aber dauernd, alle paar Tage. Das ist gemein, dass man den Gefangenen die Post aus der Heimat nicht zukommen lässt.*

*Von meiner Krankheit kann ich Dir noch schreiben, dass ich nach 4 Wochen genau so auf der Nase liegen k a n n (nicht muss) wie jetzt. Ich muss täglich, 8 Wochen lang, Tropfen einnehmen, dann hofft der Arzt, mich über den Berg zu haben. Die ganze Geschichte (jetzt lach nicht) ist der Anfang von den berüchtigten "Jahren" im Leben einer armen Frau. Es wäre also gut, wenn der Umzug bis zum 10. April hinter uns läge. Aber wie wir das fertigbringen sollen, ist mir noch schleierhaft.*

*Es ist nun endlich Frühlingswetter geworden und das hilft tüchtig mit, auf andere Gedanken zu kommen. Wenn ich erst mal wieder ein paar Schritte raus an die Luft und Sonne komme, werde ich auch schnell wieder gesund.*

*Alfreds Anschrift - falls Du einen Kalender auftreibst - steht auf der Rückseite dieses Blattes. So, nun hoffe ich, dass ich Dir in paar Tagen schreiben kann, dass ich wieder gesund bin. Bis dahin herzliche Grüße und einen dicken Kuss von Deiner*

*Erna.*

*Auch von Oma, Angela und Mechthild herzliche Grüße.*

Mein Vater hatte uns besucht und auf der Rückfahrt einen Sack Kartoffeln mitgenommen. Mutter freut sich, dass Papa und seine Kartoffeln gut in Oberhausen angekommen sind. (Dafür hat er ein Hemd und seine Zahnbürste vergessen!) Sehr wahrscheinlich war auch über die eigentlich geplante Rückkehr nach Oberhausen gesprochen und wohl wegen der Krankheit meiner Mutter eine Verschiebung auf später beschlossen worden.

Das Bewerbungskarussell meines Vaters scheint richtig angelaufen zu sein und bremst zusätzlich eine Entscheidung über den zukünftigen Wohnort.


*Freitag* (ohne Datum)*:*

*Lieber Heinz,*

*heute kam Deine Karte an, besten Dank. Freue mich, dass Du und die Kartoffeln gut angekommen seid. Ich habe nun schnell Dein Hemd von Oma geholt (hatten diese Woche große Wäsche), fertig gemacht, gebügelt und will es gleich samt Zahnbürste zu Herrn D. bringen. Wenn er nun nicht fährt morgen, kriegst Du Hemd und Zahnbürste leider erst ein paar Tage später. Gestern war ich mit Gertrud D. auf Schweinehandel - Gottsbüren, Friedrichsfeld, Trendelburg, Deisel - eine prachtvolle Tour! Ich wollte bei dieser Gelegenheit Eier hamstern, hatte einige Kinderschühchen mitgenommen. Und abends todmüde ohne Schwein, ohne Eier nach Hause! Kinder unter 4 Jahren, denen meine Schühchen gepasst hätten, gibt's fast nicht mehr. Für Kinder von 5 Jahren aufwärts wäre ich alles reißend losgeworden. Pleite!*

*So, nun Schluss und nächstens mehr. Der Garten ist fertig bestellt, nur diese verdammten Hühner kratzen alles wieder raus. Habe jetzt Bracken drüber gelegt. Kartoffeln sind unterwegs, alle bis auf 1-2 Hände voll ganz kleine. Das übrige war ein Haufen Dreck.*

*Herzliche Grüße nun und Gute Nacht mit einem festen Kuss Deine*

*Erna.*

Samstag (ohne Datum)

*Lieber Heinz, Herr D. fährt vorläufig nicht nach dort. Also muss es per Post gehen. 1 Postpaket Pflanzkart. ist schon unterwegs und zwar die vom Hasselhof. Nun hat mir Oma noch mal ebenso viel Flava-Pflänzer gegeben! Die schicke ich aber noch nicht. Kannst Du evtl. Ostern mitnehmen. Bei Tölke habe ich alles erledigt. 25 Pfd. Möhren, 7 Rosen (hatte nicht mehr viel). Die Rosen sollte ich aber nicht mehr verschicken, die gingen dabei drauf. Ich habe sie also in meinen Garten gepflanzt bis zum Herbst. Ist jetzt schon mehr Blumen- als Gemüsegarten. Für den Draht hat Tölke 2,00 RM angerechnet, es war 1 kg. Auf Ulrichs Grab haben wir noch zweimal Erde gebracht und es hängt immer noch nach der einen Seite. Nun aber, nachdem Blumen drauf sind, fällt es nicht mehr so sehr auf. Hoffentlich gehen alle Blumen schön an. Die Kinder sind munter. Auch mir geht es ganz gut, bis auf die verflixte Schlappheit, dass man manchmal einfach umkippen möchte. Und nun noch mal viele herzliche Grüße und Küsse von Deiner*

*Erna.*

Brief vom 12. April 1946

*Lieber Heinz,*

*ich freute mich, als ich soeben Deinen Brief kriegte, der auch mal wieder so schön lang ist. Herr D. fährt morgen, so dass Du also die Antwort auch schnell dort hast. Wie es mir geht? Ich denke, ganz gut, rein körperlich betrachtet. Ich hoffe doch, dass diese Schwankungen eines Tages wieder verschwinden wie sie gekommen sind. Also es geht mir so: Den einen Tag nehme ich mir alles Mögliche vor, schaffe auch tüchtig was weg, und am nächsten Tag lasse ich Kopf und Arme hängen und muss pusten, wenn ich mir Wasser rauf hole. Vorgestern habe ich Frau Riepe einen Nachmittag graben geholfen. Es hatte mir nichts ausgemacht, war auch gestern ganz munter. Heute hatte ich mich nach dem Spülen gerade aufs Sofa gelegt, als Dein Brief kam, kriegte dabei Herzklopfen und das heulende Elend und nun frage ich mich selber warum. Nun hat mir ja der Doktor eine Frist von 8 Wochen gestellt. Es sind aber erst 4 Wochen um, also noch mal 4 Wochen Geduld, dann werden diese verd .... Nerven auch wohl wieder parieren.*

*So, die erste Seite handelt nur von mir, ist auch was wert. Angela hat auch 3 Tage krankgefeiert, ist aber nun wieder munter und unsere Dicke ist unverändert fidel und einen Dickkopf kriegt das Lork, dass ich manchmal nicht mehr weiter weiß.*

*Der Garten, bis auf die Spinatecke, wo die Erbsen und Tomaten hin sollen, bestellt. Rote- Beete-Samen habe ich noch hier bekommen. Den brauchst Du mir also nicht mehr zu schicken. Sonst hatte ich ja alles hier. Evtl. bringe Ostern etwas Mangold mit, wenn Du hast.*

*Und nun zu Deiner neuen Bewerbung. Das sieht ja alles sehr gut aus, und die Wohnungsfrage dürfte kein Hinderungsgrund sein. Ich will beide Daumen halten, dass es diesmal klappt. Ich will Dir mal überhaupt sagen, wie ich jetzt über unsere Wohnung in Holten denke. Was davon an Schönem übriggeblieben ist, ist und bleibt der Garten und die Terrasse. Letztere auch bloß noch halb, denn wir können es Frau T. nicht abschlagen, dass der Kinderwagen im Sommer draußen steht und auch T. selbst und*

158

*Frau O. werden gerne draußen sitzen. Unsere Wohnung selbst hat mir einen heimlichen Schauer eingejagt. Das habe ich aber erst gemerkt, als ich wieder hier war. Das kam natürlich nur daher, dass zu der anderen Einschränkung, mit der ich bestimmt ganz gut fertig geworden wäre, St. bei uns 'rumwimmelten. Sind sie denn jetzt nun eigentlich raus? Ich bewundere Dich, dass Du nicht schon längst verrückt geworden bist. Und Holten selbst hält mich gar nicht. Solltest Du also die Stelle bekommen, dann auch meinetwegen - wie Du selbst schreibst - eine Baracke in einer annehmbaren oder sogar "schönen" Gegend oder Lage (wenn's das dort hinten überhaupt gibt). Wenn es bloß nicht gerade so wie Karnap ist. Aber wie ist das mit der Stelle selbst? Ist sie Dir nicht zu unruhig und zu verantwortungsvoll. Die späteren Aussichten ..... Aufstiegsmöglichkeit... und  w e n n  die Pumpen in Ordnung sind, ruhiges Leben, usw., sind ja nicht schlecht. Du bist ja immerhin noch kein Mümmelgreis.*

*Was Du von Deinen Eltern schreibst, geht auch mir im Kopf herum. Sie tun mir auch leid. Aber wie kann man helfen; solange T. noch bei uns wohnen, kannst Du sie auch nicht nach Holten holen. Das Päckchen will ich ihnen schicken. Deine Zahnbürste hast Du doch bekommen? Ein Postpaket Kartoffeln ist unterwegs. Dienstag war Tante Lieschen hier und heute Morgen besuchten mich Erich und Mia aus Hattingen. Pfingstrose und die Staude sind in der Erde und treiben auch schon. Du warst in Wesel? Schade, dass nicht alle Sonntage dort Namenstage sind, nicht wahr? Um Berliner Ballen führe ich auch hin, mir wird' s Maul (!) ordentlich wässerig. Grüße Frau T. und Frau O. auch von mir herzlich. Was Frau T. von mir sagte, denke ich auch von ihr. Ich würde auch mit ihr sehr gut fertig werden.*

*Ich habe irgendwoher Knochen gekriegt und noch so viel*

*Fleisch davon abgesucht, dass ich 4 große Gläser Sülze eingekocht habe. Können wir Ostern schlemmen, was? Und noch ganz schönes Fett oben abgenommen. Wegen Eiern muss ich vielleicht vor Ostern noch nach Heerbrack. Tante kann mir keine geben. Sie haben wieder einen Wisch bekommen, wegen Ablieferung und so.*

*Nun wird's Zeit, dass die Kinder den Brief zu Herrn D. bringen. Ich selbst will noch gleich bei Tante mit Mia und Erich zusammentreffen. Nun sind es nur noch 8 Tage, bis Du kommst. Bis dahin herzliche Grüße und von uns allen je einen festen Kuss - von Stuten bis Schwarzbrot - Deine freche Dicke, Deine Angela und Deine klapprige alte*

*Erna.*

(Frau O. und Frau T. waren Einquartierungen zu Hause in Holten.)

## Wieder das alte Karussell – Warten, Lebensmittel, Arbeitsplatz (Mai 1946)

*Brief vom 06. Mai 1946*

*Lieber Heinz,*

*das ist noch nie vorgekommen, dass Du uns so lange auf Post warten ließest. Bis heute ist weder Postkarte noch Brief noch irgendein anderes Lebenszeichen von Dir hier angekommen. Und darum hatten wir auch schon am 1. Mai auf Dich gewartet und dann letzten Sonntag ganz bestimmt mit Deinem Besuch gerechnet. Du bist doch wohl nicht krank, oder ist sonst etwas in Unordnung geraten? Du bist sonst gar nicht so schreibfaul. Deshalb ist das Warten auf Dich oder Post von Dir ein bisschen ungemütlich. Ich brauche auch von Dir ab und zu ein paar liebe Worte, Heinz. Am weißen Sonntag hatte ich mich zum Schreiben schon hingesetzt und habe es dann doch wieder sein gelassen. Ein Brief von mir aus solcher Stimmung heraus geschrieben, hätte Dir doch weniger Freude gemacht.*

*Während der Erstkommunionfeier hat auf dem Seitenaltar für Ulrich eine große Kerze, wie sie die anderen Kinder hatten, gebrannt. Ich habe sie selber mit frischem Grün und weißer Schleife geschmückt. Den schwarzen Flor konnte ich aber nicht gut weglassen, die Schwester meinte, er gehöre ja auch zur Sitte. Ich bin dann in der Frühmesse gewesen und bin dann - während der Erstkommunionfeier - an Ulrichs Grab gewesen, und habe dort seine Taufkerze, auch wie eine Kommunionkerze geschmückt, brennen lassen. Meine Gedanken brauche ich Dir wohl nicht zu schreiben. Der einzige Trost ist ja, dass Ulrich diese Feier im Himmel so vollkommen begehen konnte, wie er sie auf Erden nie hätte feiern können. Am Mittag sind wir dann, um von dem Trubel nicht viel sehen zu müssen, in den Wald gegangen, Oma auch. Die Kinder, Klaus war auch mit, brachten uns dann zeitweise auf andere Gedanken. Aber am Abend war ich doch wieder damit alleine.*

*Am 1. Mai sind wir auch wieder alle miteinander auf den Rotsberg geklettert und dann weiter bis zur Hasselburg. Die Pilze sind wieder da, nur noch ganz klein. Eine Tasche voll haben wir schon mitgebracht. Nächstens geht' s wieder hin. Ein Blech voll habe ich getrocknet, ist bloß noch eine Handvoll geblieben. Am Sonntag war ich in Haarbrück, habe dort gut Kaffee getrunken und kam mit 43 Eiern nach Hause, das lohnte sich doch, nicht? Im August soll ich wiederkommen, damit ich welche mit nach Holten nehmen könnte. Oma und die Kinder holten mich an der Langentaler Straße ab. Ich kam gerade zurecht, um sie aus dem Hasselhöfer Rhabarberfeld zu scheuchen. Da hatten sie bereits 6 Stangen geklaut. Was sollte ich machen? Ich habe sie (die Stangen) eingekocht und sie haben auch ganz gut, sogar sehr gut, geschmeckt. Sie schmeckten sogar nach mehr, hoffentlich verkauft der Hasselhöfer bald und ich kriege welchen mit.*

*Vorige Woche habe ich bei Dachs Kartoffeln pflanzen geholfen Einen Nachmittag immer abwechselnd einwerfen oder mit dem Spaten stechen. Ich war doch müde abends. Gertrud gab mir dafür nachher 3 Eier. Dafür tät ich es jede Woche mal. Jetzt bin ich dabei, für sie eine Reihe Männerhemden zu flicken, es soll aber keiner wissen. Das Dumme ist, dass ich so eine Art Hexenschuss oben zwischen den Schulterblättern habe. Das ist gerade beim Nähen schäbiger, als wenn er am richtigen Platze säße. Aber ich will die Sache fertig haben. Nachher kommt wieder Gartenarbeit dazwischen. Das Bohnenland ist bald an der Reihe. Es ist wieder kalt geworden, die Eisheiligen machen sich bemerkbar.*

162

*Nun schreibe mir aber bitte sofort, wenn Du es noch nicht getan hast oder nicht vorhast, in den nächsten Tagen zu kommen. Bald hätte ich's vergessen, Dir zu schreiben, dass Angela wieder ganz gesund ist. Sie futtern alle beide wieder ihre Portiönchen auf. Die Dicke natürlich meistens unter Protest, aber da hilft ihr nichts. Angela warf sich gestern aufs Sofa nach dem Essen und sagte, sie wäre aber jetzt so satt, wie sie noch nie gewesen wäre. Nun lass Dich mal feste in den Arm nehmen und Dir 'n Kuss geben (besser wäre es ja, wenn man das nicht zu schreiben brauchte, sondern tun könnte, aber auf die Entfernung!). Dann bleibt 's also beim Wunsch und viele herzliche Grüße von Deiner*

*Erna.*


*Brief vom 09. Mai 1946*

*Lieber Heinz,*

*gestern kamen von Dir zwei Karten von Essen und Neviges und Dein langer Brief. Eine Karte kam schon vorgestern, also gleich Post laufenderweise. Danke schön, nun kann ich wieder ruhig schlafen (!!). Gleich nach Karlshafen wegen der Stellung: Es hat sich dort noch nichts ereignet, also vorläufig für Dich aussichtslos. Schade. Nun wünsche ich Dir zu der Sache Essen Emschergenossenschaft gutes Gelingen. Ich glaube, dass Du zugreifen musst, falls nicht doch in letzter Minute noch Karlshafen dazwischenkommt. Der Abschied von der Holtener Wohnung wird Dir schwerer fallen als mir. Ich habe sie mir ja schon innerhalb der letzten 3 Jahre abgewöhnt. Und dann kommt für mich ja auch noch eines dazu, Du weißt es ja. Also in Gottes Namen! Vielleicht musste ich deshalb krank werden, damit Dir, auf allerhand Umwegen zwar, dieses Angebot in die Finger geriet.*

*Viel Glück also, Heinz. Im nächsten Brief wieder mehr und Antwort auf alle Deine Fragen. Herzlichen Gruß und Kuss von Deiner*

*Erna und den Kleinen.*

*65 Pfd. Rhabarber von Karlshafen mitgebracht. Schönen! Meinen Brief von vorgestern bekommen?*


*Brief vom 14. Mai 1946*

*Lieber Heinz,*

*Du hast recht, so viel Briefe und Karten auf einmal habe ich noch nicht bekommen, ich danke Dir auch schön. Aber nun warte ich noch auf die eine Karte über die Besprechung. Die ist nun leider immer noch nicht da. Was mag es wohl gegeben haben? Ich hatte auch Samstag so leise mit Deinem Kommen gerechnet. Ich bin auch sehr in Spannung, wie die Sache nun weiter geht. Dass die neue Stellung für Dich keine Kleinigkeit ist, glaube ich gern. Aber wenn Du denkst, dass Deine Erfahrungen dafür ausreichen, dann wird es mit Gottes Hilfe schon gehen, und ich will ihn auch täglich darum bitten. Die Wohnungsfrage sähe ja gar nicht so schlecht aus. Du musst aber nun nicht denken, dass ich Dir zu dieser Stelle nur deswegen zurate, um ein besseres Auskommen zu haben. Du weißt ja, dass ich genügsam bin, und ich wäre auch zufrieden, wenn Du weniger Gehalt, dafür auch weniger Arbeit, Verantwortung und Aufregung hättest. Aber nun sieht es bei Deinem Werk nicht mehr gut aus und dazu bildet die Wohnungsfrage bei diesem Stellungswechsel kein Hindernis, da meine ich, dass es richtig war zuzugreifen.*

*Was kannst Du machen, wenn man Dich vom Werk nicht weggehen lassen will? Gibt das solchen Kampf, wie damals bei der GHH? Ich möchte jetzt gerne dort sein. Du*

164

*bist sicher ganz kribbelig und ich selbst möchte alles gleich sofort wissen, was es gibt. Wie sieht's denn an der Emschermündung aus? Auch nicht gerade idyllisch, wie? Aber so wie in Karnap k a n n es ja nirgendwo mehr aussehen. Bei Lünen herum wäre es wohl schöner gewesen! Wenn nun der Bau und alles, was drum und dran ist, fertig ist (wie lange dauert das? 3-4 Jahre?), dann hast Du es als Betriebsleiter sicher etwas leichter?*

*Es ist schade, dass es zu Hause mit den Mietern nicht so klappt, wie wir damals gehofft hatten. Und dass Du Dir Dein Essen und solch Krimskrams alles selber machen musst. Ich brächte das an Frau T. Stelle, glaube ich, nicht fertig. Aber nun ist leider nichts daran zu ändern und wir müssen noch eine Zeitlang so weiterleben. Else schrieb heute an Oma, auch über Alfred u. a..*

*Wir sind alle gesund, Angela hatte ein kleines Geschwür am Popo und konnte 2 Tage nicht sitzen. Dabei hat Mechthild den Ausdruck "Gesäß" aufgeschnappt. Nun wäscht sie sich abends nicht mehr den Popo, sondern ihr "Gesäß". Das ist 'ne Nummer! Jetzt gerade war wieder Gejuchze im Schlafzimmer (9 Uhr - seit 7 Uhr sind sie im Bett). Mechthild hat Angela einen wackeligen Zahn ausgerissen, Mechthild ganz aufgeregt, Angela ganz glücklich, dass er endlich raus ist. Beide sind sie ganz verrückt auf Maikäfer, fassen aber beide keinen an. Angela sagt, sie sei so kitzelig und Mechthild macht's ihr natürlich nach.*

*Wir sind nun zum 2. Male zu den Pilzen gewesen, haben aber nur für eine Mahlzeit gefunden. Die Pilze sind klein und erbärmlich und schon fast ausgetrocknet. Es war mächtig trocken. Sogar die Waldwege waren gerissen vor Trockenheit. Seit heute Nacht nun fällt der heiß ersehnte Regen. Man freut sich ordentlich über den trüben Tag. Es ist immer noch dran und müsste noch ein paar Tage dranbleiben. Gestern hatte ich Porree, Sellerie, Oberkohlrabi* und 10 Tomatenpflanzen in den Garten gepflanzt. Da kam der Regen auch gerade recht. Das Kaninchen habe ich noch nicht decken lassen. In jedem Stalle ist nun eine Hippe mit 1 bzw. 2 Hippchen und es wird gejagt und geboxt. Wenn "Möhrchen" nicht aufpasst, fressen ihm die Hippen alles weg. Nur Heu hat es ja genug. - Wenn nun Tante in ein paar Tagen das Kükenbauer nicht mehr braucht, hole ich das hier herauf, dann kriegt "Möhrchen" wenigstens wieder satt zu fressen und ich lasse ihn dann auch decken.

Ob ich hier mit Bettzeug was ausrichten kann, glaube ich nicht. Hilde hatte sich ja schon damals, als sie hierher gekommen war, darum bemüht. Dann hat sie aus Böhmen irgendwoher ein paar Federn für 2 Kopfkissen geschickt bekommen. Da ist ja heute auch nichts mehr zu machen. Aber wenn ich was hören sollte, ich will mal aufpassen. Grüße Deine Eltern gelegentlich. Hoffentlich ist Dein Vater wieder gesund? Zu Himmelfahrt und Kumpaney - Ausflug wünsche ich Dir schönes Wetter und viel Freude. Wer mag davon alle fehlen?

Von den Pazific-Päckchen ist mir hier noch nichts bekannt, gibt es sicher nur in den Städten. Meine eingekochte Milch ist noch gut, d.h. vor ca. 3 Wochen habe ich 1 Glas probeweise aufgemacht. Die Kiste geht morgen (wenn's nicht wieder so doll regnet) nach Tarrach, hat die Kartoffeln für Else auch besorgt und fährt alle Tage mit 'nem ganzen Wagen voll solcher Sachen zur Bahn. Ich konnte hier keinen Frachtbrief kriegen. Das Geschäft in Karlshafen ist auch nur morgens geöffnet, so dass ich beim ersten Einkauf in Karlshafen ebenfalls keinen kriegte. Nun hat aber jetzt Kleinschmid auch welche. Für die Schuhe habe ich 9 Eier bekommen; bin mal gespannt, wann die nächsten kommen. Die Kochplatte und Pfanne sind in Ordnung. Habe sie noch wenig gebraucht, weil es bis jetzt immer *noch kühl genug zum Ofenanstecken war.*

*Wenn Du die Bohnenstangen noch nicht abgeschickt hast, lass es sein. Frau Riepe tauscht mir Krup- gegen Stangensaatbohnen ein und den Rest lasse ich als Saatbohnen für nächstes Jahr. Ich bin feste beim Kartoffeltrocknen. Möhren sind fertig, die sehen auch ganz schön aus. Aber Kartoffeln?*

*Freitagabend war ich im Schwesternhause. Einmal im Monat sollen da die Mütter zusammenkommen. Ganz zwanglos, mit Handarbeit und so. Die Kinderschwester ist wahrhaftig in Ordnung und bringt alles so hin, dass man gar nicht das Gefühl hat, in einem steifen Vortrag zu sitzen. Zwischen ihrem lebhaften Erzählen und Fragen bringt sie so allerhand kleine Vorschläge und Anregungen zu Kindererziehung und da merkt man, dass sie wirklich selber Kinderschwester ist. Da ist nichts von Theorie, wie damals vor Jahren in Holten, als dort auch mal eine Schwester Vorträge über Kindererziehung hielt, wobei ich manchmal heimlich den Kopf schütteln musste und der Schwester (übrigens keine Ordensschwester) selber mal ein paar Kinder wünschte. Mechthild muss wieder ein Gedicht lernen zu Herrn Pastors Namenstag.*

*Ich habe wieder einen Stapel Hemden zum Flicken von Gertrud hier liegen, einer ist schon fertig, dafür sollst Du das nächste Mal ein Stück S c h i n k e n haben, prima? Aber ein Butterbrot damit kriege ich doch auch mit, was? Wenn sie nur noch eine Menge kaputter Hemden hat, die würde ich ihr alle ganz gerne fertig machen. Gertrud ist bestimmt nett, wenn man sie näher kennen lernt.*

*Vor mir steht ein ganz dicker Strauß weißer und roter Flieder, den ich Dir gerne schenken möchte. Nun viele herzliche Grüße und einen festen Gutenachtkuss dazu von*

*Deiner Erna.*

*Soeben kam Dein Brief vom 11.5., herzl. Dank. Schreibe nächste Tage wieder, bin beim Rübenkrautkochen aus weißen Runkeln. Nochmals herzl. Gruß und Kuss von Deiner E.*

*Brief vom 20. Mai 1946*

*Lieber Heinz,*

*heute habe ich blauen Montag gemacht und den ganzen Tag auf dem Sofa gelegen. Hatte schon gestern Kopfschmerzen, nun ist es aber besser, und ich will den Sonntagsbrief schnell nachholen für den Fall, dass ich für ein paar Tage wieder auf der Nase liegen muss. Will's nicht hoffen. Da kam auch heute Deine Karte vom 8.5., Poststempel vom 9.5.- Essen. Wie ist das wieder möglich? Dein Brief vom 11.5. ist doch schon lange da. Die Kiste für Max ist vorige Woche weggegangen. Willi hat sie mit zum Bhf Beverungen genommen. Mit Kartoffeln sieht es hier auch faul genug aus. Für Geld sind bestimmt keine zu haben. Von Tante möchte ich auch keine mehr betteln. Oma sagte ja immer schon, dass zu viele verkungelt wurden und nun kriegt das Kloster noch 30 Ztr. im Tausch für Pflanzkartoffel. Tante hat die Hände überm Kopf zusammengeschlagen. Dazu kommen noch täglich 'ne Menge Fremder, die alle nur ein paar Kartoffeln haben wollen. Ich meine, Eure Verwandten in Borken sollten ihr Christentum nun auch mal beweisen und nicht nur immer im Munde führen.*

*Dass es nun mit der Emscher - Genossenschaft nichts wird, ist sehr schade. Aber wenn es der liebe Gott nicht haben wollte, müssen wir uns auch damit abfinden. Vielleicht ist bis zum Herbst in Karlshafen bessere Aussicht. Aber das Hindernis bleibt ja immer das Fortkommen vom Werk.*

Meinen Garten bei Riepe habe ich sauber und gehackt, der war grün von Unkraut nach dem Regen. Die Möhren stehen nicht gut, auch zwischen den Erbsen sind breite Lücken. Die verd .... Hühner! Aber Spinat haben wir schon gegessen und Salat ist in einigen Tagen auch groß genug. Und allerhand Grünzeug zum Kartoffelsalat, Schnitt- und Zwiebellauch, Borretsch, Dill gibt's auch schon reichlich. Vorige Woche habe ich bei Tantes Kartoffelland einen Streifen Bohnen und, weil gerade noch 25 Pfd. Vlawa übrig waren, diese auch für mich gepflanzt. Das gibt immerhin 3 Ztr. (Tante meint noch mehr) Kartoffeln für mich ohne Karte im Herbst. Nun habe ich noch Platz für Pflanzen beim nächsten Regen. Frau Dachs hat sie mir schon angeboten. Die Tomaten sind auch angegangen.

Du schreibst, dass man um Brot nun schon Schlange stehen muss. Was soll das noch geben in den Städten! Da hat meine Krankheit ja doch was Gutes an sich gehabt, dass wir noch hiergeblieben sind und dass Du Dir hier noch was holen kannst oder evtl. nächstens nach hier übersiedelst. Auf Ulrichs Grab blühen zwischen den schönen Vergissmeinnicht noch Tulpen, Stiefmütterchen und auf der Seite die tränenden Herzen. Die Schneeheide ist angegangen und von den 4 Rosen nur eine einzige. Von den 7, die ich später noch von Tölke geholt habe und die ich in Riepes Garten gepflanzt habe, ist nicht eine angegangen. Schade, was? Meine 3 Ableger von dort aber wachsen lustig, der kleine Lorbeerbaum, die Begonie und auch der Kaktus, den ich zuerst aufgegeben hatte.

Die Kinder haben sich auf der Schrankecke einen Maialtar gebaut, da steht die Muttergottes zwischen lauter Margeriten. Oma brachte gestern die beiden ersten Rosenknospen mit. Nun halten wir jeden Abend eine kleine Maiandacht. - Sonst geschieht hier außer Dorfgeschichten ja *nichts. Ich wüsste nichts Neues. Von Tante kriege ich zum Herbst ein paar Hühner, falls die Eintagsküken nicht lauter H ä h n e sind! Von 25 sind noch 24 da und sind schon hübsch groß. Tante hatte sie alle einer Glucke unterge-schoben, die hockte und gar keine Eier unterhatte. Und das dumme Huhn hat an Wunder geglaubt, wenn die nun huddert ist das ein Bild zum Lachen. Die Küken schieben von der einen Seite immer nach und wollen natürlich auch mit drunter und drücken die an der anderen Seite wieder raus und dann laufen die wieder rum und fangen von neu-em an zu drängen. Dabei wird die arme Glucke ganz ner-vös. Also, halte die Daumen, dass es viele Hühner gibt und alle groß werden. Dass ich 65 Pfd. Rhabarber be-kommen hatte, schrieb ich doch schon? Ich habe alles eingekocht und keinen Saft gemacht. Der Saft ohne Zu-cker hat sich doch nicht gut gehalten im vorigen Jahr. Von 8 dicken Futterrüben habe ich 1 1/2 Pfd. Rübenkraut ge-kocht; ich mache das nun immer portionsweise im großen Kochtopf. Ich bin ganz glücklich und die beiden Kleinen erst recht, dass sie wieder was ganz Süßes aufs Brot krie-gen und nicht immer die "olle saure Rhabarbermarmela-de". Also, es müssen nicht unbedingt Zuckerrüben sein. Von Tante habe ich mir sofort meine Handkarre voll, ca. 1 Ztr., geholt und bin vorläufig mit Brotaufstrich versorgt. Ich brauche natürlich für die genannte Portion 2 Tage lang (1x Rüben kochen und 1 x Saft einkochen) und ein tüchtiges Feuer im Ofen. Aber das und dazugehöriges Schwitzen nehme ich gerne in Kauf. So, nun bin ich aber mit meiner Weisheit heute wirklich am Ende.*


*Heinz, nimm Dir den Fehlschlag mit der Emscher - Gen. nicht so sehr zu Herzen. Am Sonntag sprach der Pater von Gottvertrauen, da hättest Du dabei sein müssen. Bis jetzt dürfen wir uns ja nicht beklagen und der lb. Gott wird* uns auch weiterhin nicht verlassen. Und heute nun recht viele herzliche Grüße und ich nehme Dich auch ganz fest in meine Arme. Deine

Erna.


Brief vom 28. Mai 1946

Lieber Heinz,

Deine beiden Briefe vom 14. und 20.5. kamen kurz hintereinander und ich wollte sie Dir beide mündlich beantworten. Aber erst mal Danke schön. Du bist doch der Fleißigere. Nun hatte ich gestern Abend Deine Briefe im Bett nochmals gelesen und dabei gesehen, dass es gar nicht bestimmt ist, dass Du um Himmelfahrt schon kommst. Das hatte ich zuerst beim ersten eiligen Lesen daraus entnommen. Und wenn es nun nicht klappt, sollst Du doch wenigstens einen Brief von uns haben. Es wäre ja schade, wenn wir noch bis Pfingsten auf Dich warten müssten.

Hier ist alles in Ordnung. Vorige Woche war für mich eine kritische. Ich sollte die Tropfen nicht mehr nehmen, stattdessen hatte der Arzt mir Pillen verschrieben, die ich mir aber noch nicht hatte holen können. Nun ist aber auch der Schmerz mal wieder überstanden. Leider musste ich dabei große Wäsche halten, muss mich ja da nach Tante richten. Am nächsten Tag kriegte ich Pflanzen, und Pflanz-Wetter war es auch. Da musste ich wohl oder übel aufs Feld. Na ja, das ist alles ganz gut fürs Faulfieber, man hat dann eben keine Zeit zum Kranksein. Es könnte aber jetzt auch mal wieder beständigeres Wetter geben. Für die Bohnen wäre es ja gut, und auch von den Pflanzen liegen viele an die Erde geklatscht. Ich glaube, ich muss 'ne ganze Menge nachpflanzen. Der Garten bei Riepe wird auch schon wieder grün von Unkraut, weil ich vorige Woche

*nicht viel dran tun konnte. Die Pfingstrose hat eine Knos-*
*pe, anscheinend wird sie rot. Die Zeitschrift "Gegenwart"*
*kann ich nicht kriegen. Der Verlag liegt in der französi-*
*schen Zone. Das Buchgeschäft in Karlshafen hatte sie*
*schon mehrfach bestellt, bekam aber keine Antwort.*

*Über Ulrichs Kreuz wollen wir sprechen, wenn Du hier bist,*
*ja? Ich glaube auch, der erste Vorschlag ist am besten.*

*Gestern sind wir alle drei bis auf die Haut nass geworden,*
*es ist aber anscheinend ohne Erkältung abgegangen. Die*
*beiden Lütten sind nämlich mit der Schule (stell Dir vor)*
*zum Zirkus nach Beverungen gegangen. Bei schönstem*
*Wetter gingen sie los. Gegen 5 Uhr fing es an zu gießen*
*wie mit Eimern. Schirm und Regencape hatten sie zwar*
*mit, aber bei diesem Regen half das nichts. Da habe ich*
*mich, die Mäntel unterm Arm, aufs Fahrrad gesetzt und bin*
*ihnen entgegen gefahren. Als ich sie traf, lief ihnen das*
*Wasser aber schon unten raus. Dabei waren sie kreuzfi-*
*del. Dann kam einer auf den Gepäckträger, einer auf den*
*Sattel und ich stand auf den Pedalen. So ging's vorsichtig,*
*aber immer noch schneller als zu Fuß, nach Hause. Dann*
*haben sie erzählt, einer immer lauter als der andere und*
*der Regen war gar nicht schlimm.*

*Familie D. habe ich lange nicht gesehen. Ich habe aber*
*gehört, dass sie jetzt umgezogen sind. - Nun hast Du doch*
*Bohnenstangen abgeschickt. Ich weiß aber wahrhaftig*
*nicht, wo ich die noch hintun soll. Ich war auch noch nicht*
*in Beverungen an der Bahn. Lass den braunen Steintopf ja*
*zu Hause, dann brauchen wir ihn nicht wieder mit zurück*
*zu schleppen, und hier habe ich ja erst genügend Gefäße.*
*Von den Rosen haben sich noch zwei besonnen und trei-*
*ben. Vielleicht kommen noch von den anderen welche*
*nach. Eine weiße Dahlie kommt auch. Von Frau Jäger*
*(Kurven) habe ich noch keine. Sie sagt nichts mehr davon*
*und ich hatte doch oft genug gefragt. Nun aber Schluss.*

*Ich will den Brief noch runter zur Post bringen, damit er noch morgen früh mit wegkommt und es ist bald dunkel. Darum einen herzlichen Gutenachtkuss und bis zum baldigen Wiedersehen recht viele Grüße von Deiner*

*Erna.*

*Angela hat Freitag Namenstag. Wir warten aber damit bis Sonntag, bis der Papa da ist.*

Ulrichs Grab lag auf dem Friedhof vor einer schützenden Hecke. Meine Mutter sorgte immer für eine bunte, schöne Bepflanzung. Nach einiger Zeit wurde ein schlichtes, dunkles Holzkreuz aufs Grab gestellt. Eine Kletterrose, ein Ableger von einer Rose zu Hause, wuchs hinter dem Kreuz und umrankte es bald und blühte wunderschön im Sommer.

Ulrichs und Omas Grab

Oma wurde 1965 zu Ulrich beerdigt. Die Rose blühte üppig und das Grab wurde von einer lieben Frau aus dem Dorfe bis zum Schluss gepflegt. Im Frühjahr 2009 erhielten wir Bescheid, dass das Grab eingeebnet werden soll. Eine Tochter von Angela holte das Kreuz vom Grab und nahm es mit nach Hause. Sie grub auch die Rose aus und pflanzte sie in Holten in ihrem Garten wieder ein. Sie blüht dort genau so schön weiter wie vorher.

*Karte vom 02. Juni 1946*

*Lieber Heinz, bin gerade in Beverungen und Blumen für Ulrich geholt. Haben gestern wieder auf Dich gewartet, aber Pfingsten ist's doch bestimmt? Oma hat sich 'ne Rippe angeknackst und hat eine trockene Rippenfellentzündung (durch Sturz), geht aber schon wieder herum, darf nicht im Bett bleiben. Herzliche Grüße bis Ende der Woche Deine Erna.*

## Drohende Zwangsräumung

*Brief vom 04. Juni 1946*

*Lieber Heinz, ich will Dir in aller Eile von einem bösen Gerücht schreiben, das seit heute hier umgeht und mir, wie natürlich allen im Dorfe, keine Ruhe mehr lässt. Also im Kreise Höxter müsste ein Dorf geräumt werden und zwar entweder Meinbrexen oder Würgassen oder Herstelle. Jeder darf 60 Pfund mitnehmen, alles übrige lebende und tote Inventar hat zurückzubleiben. Es sollen dafür Polen ins Dorf kommen aus England. Ist nun alles Bluff oder ist es Ernst? Es könnte schon Ernst sein! Was machen wir? Abwarten, bis es vielleicht zu spät ist oder rücken wir früh genug aus? Dass gestern ein paar englische Offiziere im Dorf gewesen sein sollen, passt auch dazu. Ich tu bestimmt heute Nacht kein Auge zu.*

*Vorgestern habe ich in einer mörderischen Hitze auf dem Hasselhof Erbsen gepflückt. Von morgens 8 bis abends 6 Uhr = 136 Pfund, davon habe ich 40 Pfd. gekriegt, und ausgedöppt hatte ich noch 11 1/2 Pfd., und dafür habe ich fast den Hitzeschlag gekriegt. Ich habe für den Hasselhöfer allerlei fromme Wünsche. Na, das geht auch vorüber. Kirschen habe ich noch keine. Wenn die Polen nun wirklich kommen, hat man für die eingemacht. Hoffentlich ist an dem Gerede nichts dran, man könnte sonst zu viel kriegen. Ich weiß vor lauter Schreck sonst nichts Neues mehr. Überlege mal, was wir machen sollen. Schließlich lassen wir uns ins Bockshorn jagen und ärgern uns, dass wir ohne Wintervorräte nach Hause fahren.*

*Dein Brief kam gestern an. Behalte mal erst den Schreibtisch, vielleicht haben wir ihn als einziges Möbelstück nachher selbst noch nötig. Hier sonst alles gesund, nur ich bin halb zerflossen, weil's seit ein paar Tagen fürchterlich heiß ist.*

*Viele herzliche Grüße und Küsse von Deinen beiden Klei-*
*nen und besonders von Deiner*

*Erna.*

Die Zwangsräumung blieb wohl ein Gerücht oder wurde
abgesagt.

**Etcetera**

*Brief vom 26. Juni 1946*

*Lieber Heinz,*

*Deine beiden Karten vom 18. und 19. kamen zusammen
hier an. Dankeschön dafür. Ich habe einen Schrecken
gekriegt, dass heute schon Mittwoch ist und ich noch keinen Brief geschrieben habe. Sei nicht böse. Sonntag hatte
ich 's vor. Da blieb Oma bis nach 9 Uhr bei mir, weil sie
einen dollen Regenschauer abwarten wollte und gerade
hatte ich mich zum Schreiben hingesetzt, da ging das Licht
aus und da bin ich ins Bett gegangen.*

*Ich habe gestern ein Paketchen an Dich abgeschickt mit
Kleie, Weizen, Feldbohnen und einem Stückchen Schin-
ken von Frau Dachs. Das andere ist auch alles von Gertrud. Dafür habe ich ihr wieder ein paar Heringe überlassen
und kriege nun auch noch 10 Pfd. Stachelbeeren von ihr.
Das ist mal ein Handel! Von Frau Kleinert habe ich auch
schon 7 Pfd. Stachelbeeren bekommen. Hoffentlich denkt
auch der Haversch. an die Kirschen. Bei dem vielen Regen sind die aber sicher alle geplatzt. Heute früh war seit
langem mal schönes Wetter, aber schon gab's Nachmittag
wieder ein Gewitter und aus ist. Die Leute kriegen das Heu
nicht rein. Auf den Weserwiesen steht es schon im Wasser, wenn's noch weiter steigt, schwimmt alles weg.
Möhrchen hat noch keine Jungen gekriegt, muss also*

*nochmal zum Hake gehen zum Decken. Ich bin gespannt, ob Du die Küken groß kriegst. Weizen kann ich Dir ja noch ab und zu schicken. Hast Du denn ein Ställchen oder sowas gebaut? Pflanzen habe ich in Beverungen nicht bekommen. Ende dieser Woche soll ich aber nach Tölke Karlshafen kommen, der hat noch welche, waren aber bis jetzt noch zu klein.*

*Das Kreuz auf Ulrichs Grab gefällt mir jeden Tag von Neuem. Nur muss ich mich wohl erst noch daran gewöhnen, den lieben Namen so vor Augen zu haben. Oma geht es auch so. Am Fronleichnamstage waren unsere beiden ein hellblaues und ein rosa Engelchen, haben tapfer ausgehalten von 8 bis 12 Uhr. Abends war wieder Andacht mit Engelchen und nachher auf dem Burghof ein Konzert des Männerchores, wo sie auch mit anhören durften. Das war mal für die Lütten ein ereignisreicher Tag.*

*Es ist jetzt so 'ne müde machende Stimmung draußen, alle Leute klagen darüber. Ich schlafe manchmal 12 Stunden und könnte mich mittags schon wieder hinlegen. Heute war Waschtag, ich hatte nicht viel und war schon mittags fertig. Zum Andenken daran habe ich auf dem Handgelenk einen dicken Knubbel und tüchtig Schmerzen. Wahrscheinlich eine Sehnenzerrung vom Wringen - oder Rheuma? Na, ist egal, bis zur nächsten Wäsche wird 's wohl wieder weg sein, ich werde mir mal was Festes drumwickeln.*

*Alfred schrieb nochmal um einen Zementkalender, man könne jetzt solch Päckchen an ihn schicken. Kannst Du nicht einen auftreiben? Die Feldbohnen in dem Paketchen kannst Du evtl. Frau O. geben, Du kochst sie Dir ja doch nicht selbst oder Frau T., wie Du meinst! Garten- und Kartoffel-Bohnen-Land habe ich auch mal wieder sauber für einige Zeit. Mit den Pflanzen auf dem Felde ist es aber faul, ich muss immer nachpflanzen. Im Garten stehen sie besser.*

*Angela will Dir nun auch schreiben und macht mich ganz konfus mit ihrer Fragerei. Gestern hat sie Geburtstag gehabt. Und der Papa hatte gar nicht geschrieben. Liegestühle bzw. Gartenstühle habe ich auch noch nicht. War schon zweimal drüben. Er hat mal dies, mal das. Jetzt soll ich Prosk. fragen, wann welche fertig sind, damit ich nicht immer umsonst komme. Ich glaube, der geht darauf aus, dass man's leid wird und gar nicht mehr kommt. Hast Du den Kunstdünger schon abgeschickt? Schicke mir doch bitte auch einen Futtertrog fürs Kaninchen. Hatten ja schon davon gesprochen. So, jetzt mache ich aber Schluss; ich bin halb meschugge. Mechthild schreibt jetzt auch an Dich und will auch jedes Wort von mir vorgesagt haben. Und drei Briefe auf einmal zu schreiben, bringe ich noch nicht fertig. Nächstens schreibe ich wieder, wenn die Lütten im Bett sind.*

*Lass Dir's nicht zu ungemütlich sein zu Hause, und wenn Du kahlgefuttert bist, komme ja wieder. Ein bisschen was haben wir doch immer noch, und wenn es Kartoffeln und Bohnen sind. Lass Dich von uns dreien feste drücken und kriegst einen festen Kuss von jedem. Und viele liebe Grüße, besonders von Deiner*

*Erna.*

*Lieber Papa, Deine Mechthild (Mein Brief bestand aus "Malerei".)*

*Lieber Papa, Wann kommst d u wieder? Du bist schon so lange w e c h. Warum bist du nicht gestern zu m e n e m K b u z t a g ge kom e n ? Mama hat eine schöne Torte gebacken. Ich habe von Oma Erb e ren und von Tante Dachs Kir zen G e g r ich t. He r s l ich eng ruß deine Angela.* (Originaltext von Angela)

Meine Mutter macht sich wieder Gedanken im nächsten Brief, um das Abschiednehmen vom Grab, aber vielleicht doch nicht? Vielleicht ruft Karlshafen .... ?

*Brief vom 30. Juni 1946*

*Lieber Heinz,*

*das waren endlich seit langer Zeit ein paar schöne Sommertage, und ohne Regen, und dazu noch Sonntage. Ihr habt doch gestern dort auch Feiertag gehabt, oder nicht? Hier bei uns ist alles in Ordnung, und Dir geht es doch auch gut, hoffentlich! D.h., soweit das möglich ist. Was hast Du die beiden Tage angefangen? Nach Borken gefahren, oder nach Hattingen? Wir (immer mit Oma) haben beide Nachmittage oben auf dem Friedhof zugebracht. Auf der Bank dort war es schön schattig und luftig, dass wir gar nicht mehr weiter wollten. Zwischen den Grabsteinen durch konnte ich immer das Kreuz von unserem Grab sehen. Du musst aber jetzt nicht denken, dass ich mich nun mit aller Gewalt an das Grab klammern will. Aber es ist so ein stiller, ruhiger Ort dort oben. Und nächstes Jahr ist der Weg zu Ulrichs Grab so weit und nicht alle Sonntage mehr möglich. Vielleicht aber doch, ich meine jetzt, falls es mit Karlshafen klappen sollte. Hast Du schon Antwort auf Deine Bewerbung gekriegt? Es wäre zu schön, um wahr zu sein.*

*Heute Nachmittag war Herr D. hier, um sich zu verabschieden und evtl. einen Brief für Dich mitzunehmen. Er kommt aber doch erst Mitte der Woche nach Holten. Wenn ich diesen Brief morgen in Beverungen abwerfe, ist er ja ebenso früh da, und ich kann ihn jetzt in aller Ruhe fertig schreiben. Was macht Deine Stellung im Werk? Hast Du irgendwas unternommen?*

*Was machen die Küken? Noch alle lebendig? Ist das Päckchen heil angekommen? Und der Garten, das Un-*

*kraut wächst schneller, als man jäten kann. Bei Dir auch? Denke mal an, von den 8 trocken gebliebenen Rosen auf der Gruft und im Garten gehen noch 5 an. Das hätte ich nicht mehr geglaubt, vielleicht kommen die letzten 3 nun auch noch. Eine Efeu-Geranie habe ich noch nicht. Münchhausen in Beverungen hat welche, die verkauft aber der Chef nur persönlich (jedenfalls nur an seine Auserwählten) und ich habe beide Male den Chef selbst noch nicht angetroffen. Werd's morgen nochmal versuchen. Dein Vater schrieb mir auch einen Brief, den ich gleich noch beantworten will, und das ist ein schweres Stück Arbeit für mich. Mechthild hat letztes Mal gebrüllt, als ich ihren Brief mit in den Umschlag steckte. Das wäre ja doch nur Krickel-Krackel und Du würdest sicher darüber lachen. Ich habe sie getröstet und gesagt, Papa könnte solche Kleinkinderschrift auch gut lesen. Hast Du nicht über Angelas "Kbuztag" auch lachen müssen?*

*Gute Nacht, mein Heinz, und einen festen Kuss und viele herzliche Grüße von Deiner*

*Erna.*


## Doch Rückkehrplanung

Von Juli liegen keine Briefe vor, meine Mutter war drei Wochen in Holten. Die Organisation des Umzuges nimmt viel Kraft und Zeit in Anspruch.

*Brief ohne Datum August 1946*

*Lieber Heinz,*

*schimpf nicht, dass ich erst heute schreibe. Aber wo die Woche geblieben ist, weiß ich fast nicht. Es kommt jetzt alles auf einmal, man müsste sich verdreifachen können, um alles zu bewältigen. Meine Karte vom Donnerstag hast*

Du doch bekommen? Als ich da mit dem Gepäck auf dem Handwagen nach Hause fuhr, dachte ich, ich hätte Eisen auf der Karre, kam und kam nicht voran und hab' für den Rückweg 2 1/2 Stunden gebraucht. Zu Hause habe ich die Karre dann mal umgekippt und festgestellt, dass die Hinterachse ganz verbogen ist und daher der Wagen so wahnsinnig schwer fuhr. Oma und die Kinder haben den Wagen nicht gebraucht und D. wissen natürlich auch von nichts. Also haben das wohl die Heinzelmännchen gemacht. Hoffentlich kriege ich das in der Schmiede bald wieder gemacht.

Und was macht Deine "Hinterachse"? Ist es besser geworden und hat es keinen Rückschlag gegeben? Gehst auch zum Werk oder feierst Du noch krank? Ich wünsche Dir weiter gute Besserung!

Unsere 12 kleinen Häsekens sind noch alle da. Ich mache auch jetzt keine mehr tot, auch wenn Du es schreibst. Sie sind zu niedlich, alle schwarz-weiß, fressen schon ein bisschen mit. Außerdem wollen Dachs ein paar haben und auch Klaus hat schon um eines gebettelt, wenn es groß genug wäre. Ich füttere gut, sogar Haferschleim kriegt das verfressene Völkchen. Möhrchen ist auch manierlicher geworden und knurrt nur noch selten. Heute Nachmittag haben wir die Küken gehütet, damit sie sich an den Hof gewöhnen und wir sie nachher laufen lassen können. Der Kükenstall steht nämlich hinten im Dustern auf der Scheune und ist da nicht rauszukriegen. Einen anderen kann ich nicht kriegen, werden alle noch gebraucht.

Die Birnbäume waren schon verkauft, als ich zurückkam. Else hat für mich gekauft; mit 16 Personen 1 Baum. Haben noch nicht gepflückt. Samstag wurden die Apfelbäume verkauft. Sind da auch zu 17 Personen an einem Baum. 2,30 RM für mich. Birnbaum 2,20 RM für mich. Von Mia habe ich für Oma und mich zusammen 13 Pfund Äpfel *bekommen. Es ist alles gestohlen worden. Sie waren in 2 Nachmittagen mit dem Pflücken fertig und haben in früheren Jahren 14 Tage lang gepflückt. Also mit dem Obst kann ich in diesem Jahr hier nicht angeben. Mit Fallobst ist natürlich auch nichts mehr los, aber rein gar nichts.*

*Sonntag haben wir Pilze gesucht und habe noch bis 12 Uhr nachts 4 Gläser eingekocht. Die nächsten will ich trocknen, aber nicht wieder im Backofen wie die vom Mai. Gestern Gurken eingemacht. Heute früh 4 Pfd. Brombeeren gesucht, nachmittags beim Kükenhüten. Apfel dazu (zu Brombeermarmelade) geschält, dabei den halben Daumen aufgeschlitzt, heute Abend wieder Gurken eingelegt. Zwischendurch Zahnarzt, Amt wegen Kartoffelkarten, 3 x Typhus-Schutzimpfung mit nachfolgender entsprechender körperlicher und Gemüts-Verfassung. Morgen muss ich bei Tante waschen. Du siehst, es geht rund.*

*Nun muss ich aber noch Ährenlesen, soll nach Langental wegen Birnen und Pflaumen und nach Haarbrück. Augenblicklich komme ich mit dem Fahrrad nicht mal mehr am Eiskeller rauf. Da hatte ich es die 3 Wochen bei Dir dort noch gemütlicher. Angela ist auch geimpft, ist aber kreuzfidel dabei geblieben. In Riepes Garten haben sie mir Möhren geklaut. Die Tomaten hängen dicker voll als Deine. Hoffentlich erntet die nicht auch ein anderer. Die Leute auf der Burg stehen in schlechtem Ruf. Auch die Filmleute, die ausgerechnet hier den Film "Zugvögel" drehen. Die sind alle auf dem Dampfer „Fürst Bismarck" untergebracht, der hier festgemacht hat. Den Film möchte ich gerne sehen. Es sind sicher feine Naturaufnahmen von hier drin. August und Elisabeth heiraten am 28. August in Füchtdorf. Eingeladen sind nur die Geschwister. (2. Hochzeitstermin und endgültiger.)*

*Die alten und die jungen Dachs haben sich nach einem Krach getrennt und wirtschaften nun jeder für sich. Gertrud hat ihre Küche jetzt oben neben meiner. Also wollen auch wir von vornherein es so einrichten, wenn Deine Eltern kommen. Andernfalls geht's ja auch nur so lange gut, wie einer von uns eine Engelsgeduld hat. Aber dazu gehören Nerven wie Stricke, und wer hat die heute noch. Verschaffe Dir Deinen verliehenen Herd zurück. Hat der andere übrigens die Matratzen gebracht? Für den Fall, dass die Karte noch nicht da ist, will ich Dir noch mal schnell schreiben, was da wichtiges drauf stand. Also die Tonne mit dem Kunstdünger schicke ab. August will ihn, wenn nicht jetzt noch, dann im Frühjahr gebrauchen. Bohnen habe ich hier keine mehr bekommen, nimm also Du alles, was Du bekommen kannst. Zum Verarbeiten kannst Du sie ja per Express hierher schicken. Beiliegend schicke ich Dir 3 Pfd. Brotmarken und 1/4 Pfd. Buttermarken, im nächsten Brief noch mal etwas. So, nun ist's auch heute wieder spät genug geworden und Zeit fürs Bett. Ich wünsche Dir alles Gute und bin mit herzlichen Grüßen und einem Gute-Nacht-Kuss Deine*

*Erna.*

*Soeben Deine Karte erhalten. Will versuchen, 4 Hasen so groß zu kriegen. Gruß Deine E.*


Zu meinen schönsten Erinnerungen zählt unsere Kaninchenaufzucht. Meine Mutter hatte unten auf dem Hof in einem kleinen Stall einen Käfig mit einem Kaninchen. Da es so schön schwarz war, tauften wir es Möhrchen. Später bekam es viele Junge. Nach einem Wurf konnte Möhrchen nicht alle säugen und meine Mutter nahm 4 Junge mit nach oben in die Küche. In einer Kiste standen sie neben dem Ofen. Angela und ich durften die Jungen auch füttern. Wir hielten die niedlichen Kaninchen in der Hand und flößten ihnen mit einem Löffel lauwarme Milch ein. Waren sie

satt und wollten nichts mehr, fuhren sie mit ihren Vorder-
pfötchen ein paarmal über ihre Nase und putzten ihr
Schnäuzchen ab. Ein Junges hatte einen weißen Fleck auf
der Stirne, es bekam den Namen "Sternchen". Eines hieß
"Dicker", der Name sagt es aus. Ein weiteres war nicht so
groß wie die anderen, wir tauften es "Kleinchen". Das un-
ruhigste von ihnen war der „Zappelphillip". Möhrchen war
später in Oberhausen die Urmutter einer ganzen Kompa-
nie von Stallhasen. Dazu war die Garage umfunktioniert
worden, es standen jede Menge Kaninchenställe dort drin,
nur kein Auto! Meine Mutter brachte hin und wieder guten
Hasenbraten auf den Tisch, aber unseren Lieblingen von
der Weser ging es lange nicht an den Kragen!

*Brief vom 28. August 1946*

*Lieber Heinz,*

*dass Deine Karte vom 19. ankam, schrieb ich Dir ja schon.
Der versprochene Brief ist aber noch nicht da. Ich freue
mich, dass es Dir wieder besser geht. Hoffentlich kommt
nicht noch mal so'n Knacks. Wir sind alle gesund, auch die
Küken und sämtliche 13 Kaninchen. Meine 4 Pfleglinge
balgen sich immer um den Milchlöffel, habe sie aber auch
bald so weit, dass sie die Milch aus dem Schälchen trin-
ken. Außerdem fressen sie auch sonst noch a l l es. Besonders auf meine Sandalen sind sie versessen. Ich habe
sie nämlich noch oben in der Küchenecke. Da springen sie
dauernd über ihren provisorischen Stallzaun weg, flitzen
wie der Blitz durch die Küche und sind ganz verrückt auf
meine Füße. Ich muss immer aufpassen, dass ich keins
tottrete. Die Mädchen haben sie nach Temperament und
Zeichnung getauft. Schiefnäschen, das aber jetzt Dicker
heißt, Sternchen, Zappelphillip und Kleinchen. Und alle
zahmer als Schoßhündchen. Morgen kommen sie aber in*

einen zusammengewichsten Stall nach unten, weil sie anfangen, ein bisschen viel zu stinken und zu feucht zu werden. Die anderen 8 bei Möhrchen sind anscheinend auch alle guter Dinge. Die Küken sind noch alle sechs da. Wir lassen sie jetzt immer raus. Oma hat ihre Pflege ganz übernommen. Füttern, raus- und reintun. Ist immer schon getan, wenn ich komme.

Heute haben wir einen Korb Pilze gesucht zum Trocknen. Die Zeit ist auch bald vorbei. Bohnen bekomme ich hier keine mehr Der Hasselhöfer hat so gar keine pflücken lassen, sondern nur die Karlshafener Geschäfte. Und das war gerade in der Zeit, wo ich weg war. Außerdem war und ist die Kontrolle an den Gebiets- bzw. Zonengrenzen ziemlich scharf, dass sich keiner mehr nach Karlshafen getraut. Trotzdem sind Willi und ich vergangene Woche in Langental gewesen, habe bezüglich Grenzkontrolle Glück gehabt aber bezüglich Obst nicht. Habe nur 5 Pfd. Birnen gekriegt.

Am Sonntag sind Oma, die beiden Lütten und ich zu Fuß durch den Wald nach Haarbrück gewesen, und da war gerade Bartholomeus- Kirchenpatronsfest. Junge, hat's da leckeren Kuchen gegeben. Fünferlei Kuchen und Torten. Wir haben gefuttert, was wir konnten, und noch was mit nach Hause gekriegt, und man sah nicht, dass es weniger wurde. Und dann haben sie noch geschimpft, dass wir nicht schon zum Mittagessen gekommen waren. Als wir um 1/2 6 Uhr gehen wollten, sollten wir vorher noch dick belegte Butterbrote essen. Aber das ging nicht mehr, von wegen dem vielen Kuchen, dann mussten wir die aber auch noch einpacken. Das Beste aber ist, dass ich in 3 Wochen hinkommen soll, um Eier zu holen. Obst gibt es leider dort auch nicht, aber ein bisschen Korn werde ich wohl auch noch kriegen. Jetzt hatten sie noch nicht gedro-schen. Kannst Du mir nicht ein Päckchen Tabak schicken *für den alten Onkel in Haarbrück? Ich habe doch sonst wahrhaftig nichts, was man da mal mitnehmen könnte.*

*Hast Du beim Bezugsscheinamt für Kinderschuhe was erreicht? Sage Ursula, ich hätte noch keine Kleie gekriegt, das bisschen Schrot, das ich von Willi kriege, brauche ich für meine eigenen Tiere auf. Hast Du schon tüchtig Tomaten geerntet? Meine fangen auch an, rot zu werden. Aber da sind auch andere hinterher. Sind Deine Äpfel noch am Baum? Oder hast Du sie abgemacht? Auch hier wird ganz toll geklaut.*

*29.8. Gestern Abend fielen mir die Augen zu beim Schreiben, da habe ich Schluss gemacht und wollte heute nach Tisch gleich fertig schreiben. Aber da kam Irmgard und holte mich zum Pfifferlingsuchen ab. Haben aber keine gefunden. Es begegneten uns wohl die Klosterschwestern mit 3 großen Körben voll Pfifferlingen! Die schnurrten mit niedergeschlagenen Augen an uns vorbei, dass wir gar nicht wagten, sie anzusprechen. Und dann haben wir entweder die richtige Stelle nicht gefunden, oder die Nonnen haben alles ratzekahl weggesucht. Na, da haben wir unseren Korb noch mal voll Täublingen gesucht. Da habe ich morgen wieder dran zu tun. Kriegte auch heute von Frau Riepe wieder eine Menge Gurken, die ich gleich noch sauber machen und in Salz legen muss für morgen. Also Langeweile habe ich keine. Sonst wüsste ich nichts Neues. Darum für heute herzliche Grüße und wie immer einen festen Kuss von Deiner*

*Erna.*

Obst und andere Nahrungsmittel wurden anscheinend öfter „geklaut", in Oberhausen in meiner Erinnerung aber auch wohl Möbel und sogar Weihnachtskrippen – Figuren. Z.T. fand mein Vater heraus, wo sie verblieben waren, und „sammelte" sie dann ohne Probleme wieder ein (wahrscheinlich waren sie durch Tauschgeschäfte von Hand zu Hand gegangen, und nach dem ursprünglichen Entwender wurde nicht gefragt).

Dass meine Mutter halb „verbauert" war, schrieb sie bereits. Eine kleine Landwirtschaft zog sie tatsächlich später in Oberhausen auf. Mein Vater pachtete noch etwas Land zu unserem Garten dazu. Dort wuchs alles, BOHNEN, Erbsen, Kohl, kurz, alle Gemüsesorten. Kartoffeln standen bis zur Terrasse. Die Seiten des Gartens säumten Büsche von Johannis- und Stachelbeeren, Himbeeren und Brombeeren, dazu jede Menge Obstbäume. Den Hühnerstall bevölkerten Hühnchen von der Weser mit einem neuen stolzen, bunten, frechen Gockel. Ein Schaf aus Herstelle war allerdings nicht dabei.


Im nächsten Brief stellt meine Mutter Überlegungen über Haus, Hof und Garten an. Ein paar Unstimmigkeiten müssen mit meinem Vater noch geklärt werden (bezüglich der Unterbringung der Großeltern in Holten). Im oberen Stockwerk unserer Doppelhaushälfte waren Einquartierungen, insgesamt 6 Personen auf 3 Zimmer verteilt.

*Brief vom 04. September 1946*

*Lieber Heinz,*

*Deine beiden Briefe kamen zusammen am Samstag (31.8.) an. Der erste ist also ganze 8 Tage unterwegs gewesen. Ich danke auch schön. Es hat ja allerhand Neuigkeiten dort gegeben. Ich will nun Deine Briefe mal Seite für Seite beantworten, sonst komme ich durch die langen Episteln durcheinander. Vorerst aber freue ich mich, dass Du wieder fest auf den Beinen stehst, wie auch Deine Radtouren beweisen.- Hier nach wie vor alles in Ordnung. Über die Zugverbindung kann ich Dir nichts Genaues sa-*

gen, weil die Auskunftsbeamten in Beverungen und auch Altenbeken selber nicht Bescheid wissen. Im Zuge ab Altenbeken nach Ottbergen unterhielten sich darüber auch ein paar Herren. Der eine behauptete, dieser Zug, in dem wir jetzt säßen, sei der durchgehende beschleunigte Zug, der führe aber nicht über Mülheim, Essen, sondern über Wuppertal. Die anderen meinten wieder was anderes, aber kein Mensch weiß Bestimmtes. Der Zug blieb natürlich nicht so leer, aber nur streckenweise war's richtig voll.

Die Küken sind munter, Oma opfert sich auf dafür (klaut Weizen usw.). Vorige Tage kam sie auf den Hof, und anstatt alle sechse kamen nur drei auf sie zugestürzt. Die anderen 3 kamen trotz Locken und Rufen nicht zum Vorschein. Da kam sie ganz aufgeregt zu uns (in die Siedlung) und berichtete, dass die 3 Küken weg sind. Na, wir alle drei mit runter, um mit vereinten Kräften Tantes Hof umzustülpen. Und sind noch nicht ganz auf dem Hof, da kommen alle s e c h s e auf Oma zugeflogen und betteln. Seitdem sucht sie nicht mehr fieberhaft, wenn mal eins fehlt, sondern wartet bis abends, und sie sind auch immer wieder am Abend alle sechse bei ihrem Kasten. Hoffentlich bleiben alle beieinander und gesund. Ebenfalls alle 13 kleinen und großen "Möhrchens". Eine verfressene Gesellschaft. Meine 4 Löffelhäschen süffeln die Milch vom Teelöffel immer noch lieber als aus dem Schälchen. Unser Zappelfritze ist dann immer so gierig und geht mit der ganzen Nase rein und hinterher muss er dann niesen und schlägt sich mit den Pfoten um die Nase; es ist zu komisch. Aber manierlich wird der nicht.

Wegen einem Schaf...: Also, August kommt erst morgen Abend von seiner Hochzeit zurück. Dann muss ich mal verwandtschaftlich - geschäftlich mit ihm sprechen, wegen ca. 10 Ztr. Runkeln und Heu als Winterfutter, Korn ebenfalls. Sagt er ja, dann ran an 'n Schaf.

An die Magermilchkarte werde ich nächste Periode denken. Wenn Oma ihre wieder Else überlässt, schicke ich Dir meine. Das letzte Mal hatte ich meine schon eintragen lassen, weil ich dachte, ich hätte Dir Omas schicken können. Da hat aber Else sie mitgenommen.

Was Du als grüne Bohnen aus dem Garten in Topf oder Gläser nicht unterbringen kannst, das lasse alles am Strauch reif werden. Dann haben wir sie als trockene Bohnen im Winter und auch genügend Saatbohnen. (Habe ich aber auch). Die Sträucher werden nachher mit Wurzeln ausgerissen, gebündelt, die Blätter entfernt und zum Trocknen evtl. auf dem Boden aufgehängt. Das Auskrüllen ist dann Arbeit für den Winter. Tröste Dich damit, dass Du diese Arbeit in diesem Jahre zum letzten Male machen musst. Nächstes Jahr sind wir ja wieder zu Hause. Meine Gärten sind 'ne Wildnis, habe aber trotzdem dicke Kartoffeln, Rote Rüben, Kappes, Tomaten etc.. Bei Euch ist es Mist.

Von der Hochzeit schrieb ich Dir schon? Ein Holzteller (ist er so schön wie unserer?) wäre - glaube ich - passender als so eine Familienkerze, für die wohl hier weniger Verständnis vorhanden wäre. Kannst Du den Teller bald besorgen? Nun noch was Echtes von Tante: Ich hatte Dich als Hochzeitsfotografen vorgeschlagen, aber keine klare Antwort bekommen. Auf der Hochzeit selbst (erzählte Tante) sagt August dann plötzlich: Wir hätten doch eigentlich Heinz einladen sollen, der macht gute Aufnahmen! Na, ja!

Dass Du mich in den paar Tagen auch noch mit nach Wesel genommen hättest, hätte noch gefehlt. Ich hatte Dir ja gesagt, dass Du mich mit dem Besuchemachen bis zum Winter verschonen solltest. Nur Frl. A. grüße bitte und sage ihr, ich hätte mich in der zusammengepackten Bude selbst so ungemütlich gefühlt, dass ich nicht riskiert hätte, auch noch jemand dahin einzuladen. Aber ich freute mich, *im Winter das oft nachholen zu können, falls sie mir jetzt nicht böse ist.- Ich muss lachen, dass Du denkst, ich könnte Dir wegen des Tanzes in Wesel böse sein. Beweis, dass Deine "Hinterachse" ja wohl ganz wieder in Ordnung ist. Meine, d.h. die von der Handkarre auch, für 1 Mark und zwanzig.*

*Rezept für Zwetschen: Halbieren, Stein raus, mit Schnittfläche nach unten in Gläser drücken, o h n e W a s s e r und Z u c k er zukochen, 15 Minuten bei 80 Grad. Gläser gut voll machen, da sie zusammenkochen. - Meine Bäume (Äpfel und Birnen) sind noch nicht gepflückt. Bin auf das Ergebnis gespannt. Korn hoffe ich ja nun hier etwas zu kriegen. Nach Beverungen war ich noch nicht, will's die Woche versuchen hinzukommen. Nach Schemeln und Sägefuchsschwanz hatte ich das letzte Mal schon vergeblich gefragt. - Was die Kinder von den dicken Äpfeln sagten? Du wirst staunen, was Angela sagt: Die sind ja viel zu dick, da kann ich ja doch nur 'nen halben von essen". Aber die Dicke und Oma hatten Spaß und auch die Pflaumen waren bald alle. Euer Rummel zu Hause T.- 0.- Du - Umzug - oben- unten - usw. berührt mich wenig - kann nichts dafür. Und wenn ich wieder zu Hause bin, hoffe ich, dass es keinen Rummel gibt. Denn ich glaube, mit T. und 0. ganz gut fertig zu werden. Wenn es mir doch mal zu bunt wird, dann mach ich' s wie Ursula, gehe ins Kino und bin sonst d.u..*

*Nun noch mal was zu der Aufnahme Deiner Eltern. Ich bin da allerdings sehr ärgerlich gewesen, als ich davon las: "Schimpfe nicht usw." Aber verstehe mich j e t z t mal richtig. Ich bin nicht ärgerlich, dass Du sie aufnehmen willst, sondern, dass Du mich anscheinend überhaupt nicht verstanden hast. Habe ich mich denn immer so undeutlich ausgedrückt? Ich habe Dir immer gesagt, dass ich mich nicht dagegen wehre, aber ich habe geglaubt, dass ich* doch dem Menschen, der mir am nächsten steht, sagen darf, auf was ich mich freue bzw. auf was nicht. Entschieden gewehrt habe ich mich aber nur dagegen (und das tue ich auch heute noch), dass Du Deine Eltern noch mit in die beiden Räume unten nehmen wolltest. Wenn das nun so ist, dass es zu solchen Missverständnissen führt, wenn ich Dir meine Befürchtungen (nicht nur in diesem Falle) sage, dann muss ich ja in Zukunft meine Sorgen alle für mich behalten und zusehen, allein damit fertig zu werden. Wie Du das schreibst: Ich helfe Dir, und der Vater hilft mit, und der Vater verspricht, usw.. Mensch, ich habe geheult vor Zorn, dass Du so was von mir denkst. Und nun nochmals klipp und klar meine Meinung und dann kein Wort mehr: Wenn Deine Eltern oben bei uns ein Zimmer bekommen können, dann sollen sie kommen. Ich bin Deiner Mutter in jeder Weise gern beim Wirtschaften, Einkochen usw. behilflich. Aber ausgeschlossen ist es, dass sie noch mit unten in den beiden Wohnzimmerräumen untergebracht werden können, wenn oben kein Platz geschafft werden kann. Wenn das jetzt kaltschnäuzig klingt, so kann ich nichts dafür, und was Geschriebenes klingt immer so und es liegt letz ten Endes auch daran, dass ich jede weitere Erklärung vermeide, um nicht noch mal wieder Missverständnisse herbeizuführen.

Zu der Holz- und Handkarrenfirma in Beverungen werde ich noch hingehen. Aber so auftreten wie Frau 0., nee, das hast Du wohl nicht im Ernst gedacht. Dazu fehlt mir jede Lust und - Gott sei Dank - auch jede Eignung. Was zu erreichen ist, das werde ich durch mein natürliches Auftreten eher erreichen als andersherum, davon bin ich ja nun doch überzeugt. Ich brauche ja schließlich nicht in nackten Beinen und Holzsandalen, schwarzen Fingernägeln usw. hinzugehen, nicht wahr? Ich habe von mir die gute Meinung, dass ich nicht Dame "spielen" brauche.

Ich freue mich, dass Du vorschlägst, bis Allerheiligen noch hier zu bleiben. Ich wäre Dir auch wohl mit dem Vorschlag gekommen. Das kleine Grab ist bei unserem Umzug für mich die schlimmste Klippe, und an den Abschied davon darf ich noch gar nicht denken.

Die Hacke und den langen Stiel habe ich noch nicht wieder hier gesehen, habe überhaupt noch nicht richtig eingeräumt, weil immer Außendienst. - Ich lege Dir 3 x Fett-Kleinabschnitte bei, brauchst Du noch Brotmarken? Schicke die Brotabschnitte der Schwerarbeiterkarte her, kriege Brot dafür. Die Fischabschnitte sind auch hier beliefert worden. Grüne Heringe - Salzheringe - Frischfisch und heute eine Sonderzuteilung Bückling auf 921, aber nur für eingetragene Fischkunden. Waren lecker. Schön, dass Du die Äpfel noch alle hast. Einige Weihnachtsäpfel habe ich auch schon. Feine Sternreinetten, ca. 15 Stück für einen einzigen Bückling von Frau Riepe. Um die Einreisegenehmigung werde ich mich bemühen. Die Impfung war gegen Typhus, schrieb ich es nicht schon? Gut überstanden. Mechthild ist noch keine 6 Jahre alt, wurde nicht geimpft. Das mit den Drahtzaun-Erbsen ist aber Pech. Ich hatte nur für eine Mahlzeit für uns gepflückt.

Ich bin dafür, dass die Brombeeren nach hinten in den Garten kommen, damit wir da vorne Luft bekommen. Opa Dachs hat sich über die Zigarren gefreut, waren ein seltener Genuss. Die Fahrraddecke hat Konni gleich drauf gemacht und auch Gepäckträger. - Zonensperre ist immer noch nicht aufgehoben. Else hat es in ihren Ferien wie immer ganz gut gefallen. Sie und das "Flimmerschiff" sind nun beide wieder fort. Deine Ski-Mütze ist futsch, auch nicht hinter der Kornkiste zu finden. Die Polen auch futsch. Zwei Tage lang hinterher ein großes Feuer dort, um den ganzen Dreck, den sie übriggelassen hatten, zu verbrennen.

*Kannst Du für Tante so einen Rillenglas-Öffner mit Holz-griff, wie ich ihn habe, besorgen?*

*Hier war einige Wochen ein Pater Pietsch von Essen-Bredeney bei den Dorfschwestern zur Erholung, kennt auch Dich bzw. glaubt, Dich zu kennen. Kanntest Du ihn? Jugendpfarrer wäre er früher gewesen.*

*So, nun bin ich mit meinem Latein auch zu Ende. Samstag hat Mechthild Geburtstag. Ich soll von Kemperfeld Zwet-schen holen, Frau Hartmann sprach mich am Sonntag nach der Kirche an, war ganz verlegen wohl noch wegen der Joh 'beeren damals. Ist aber eine liebe Frau, da soll Mechthild einen kleinen Zwetschenkuchen haben. Nur möchte man wegen der Zuckerknappheit mal anständig fluchen. Aber davon wird's auch nicht besser.*

*Nun viele herzliche Grüße und einen ebenso herzlichen Kuss von uns dreien, besonders von Deiner*

*Erna.*


Irgendwann klaute ich meiner Mutter ihren Ring mit einem schönen grünen Stein. Ich sah ihn im Küchenkasten lie-gen, steckte ihn einfach in meine Schürzentasche, lief runter, schnappte meinen Roller und fuhr los. Ob die Ta-sche ein Loch hatte? Jedenfalls war der Ring später weg, als ich zurückkam. Ich beichtete es meiner Mutter, die fürchterlich mit mir schimpfte. Zusammen suchten wir den von mir gefahrenen Weg ab und - oh Wunder - plötzlich leuchtete etwas Grünes im Straßendreck beim Kurvenjä-ger. Ein Fuhrwerk war bereits drüber gerollt und hatte den Ring in den relativ weichen Boden gedrückt. Der Ring war verbogen, aber der Stein heile! Diese Begebenheit fiel mir wieder ein, als ich vor Jahren, nach dem Tode meiner Mut-ter, den Ring in den Händen hielt.

Mein Vater hat für das Werk diverse Handwagen bei meiner Mutter bestellt. Nun muss sie sich auch noch darum kümmern. Sie bekommt Schwierigkeiten wegen der Lieferung. So langsam…., aber davon nachstehend.

*Brief vom 11./12. September 1946*

*Lieber Heinz,*

*will schon mal anfangen zu schreiben, trotzdem alle Deine Aufträge noch nicht erledigt sind. Ich werde nämlich so langsam auch plöm, plöm. Heute kamen auch wieder 2 Briefe von Dir, danke schön. Morgen und übermorgen komme ich nicht zum Schreiben. Morgen bei Tante Geburtstag und Elisabeth Einstand, übermorgen Schwesternhaus. Tagsüber zu schreiben - ausgeschlossen. Gestern habe ich den Henkelkorb und die große graue Segeltuchtasche voll Holunderbeeren gepflückt, den ganzen Tag heute entstielt usw. gesaftet und so eingekocht. Von dem süßlichen Geruch ist mir nun ganz schlecht. Mit dem anderen Obst ist es flau hier. Als ich von Deinen Birnen hörte, ging's mir wie Dir bei dem Haarbrücker Kuchen. Ich habe in diesem Jahre wahrhaftig zwei ganze Birnen gegessen. Dein Geburtstagspaket kam richtig am 7. an, jubelnd begrüßt und bestaunt von wegen solch dicker Äpfel. Einer war zu ¼ schon faul, ein anderer fing auch an, der dritte ist auch schon den Weg aller Äpfel gegangen und der vierte wartet noch drauf, ist noch zu grün.*

*Die Bilderchen, Fibel und Rechenbuch waren richtig was für unsere beiden. Mechthilds Geburtstagskuchen war der Zuckerknappheit wegen diesmal recht winzig ausgefallen. Aber auch so hätte ich doch wohl davon nichts geschickt, er wäre doch verschimmelt dort angekommen und das können wir uns heute nicht mehr leisten. Wenn's Honigkuchen gewesen wäre, dann ja. Tabak habe ich nichts hierbehalten, ist a l l e s mit nach dort gekommen. Wenn du*

194

mal suchst, wirst Du ihn wohl finden. Mit den Schuh-Bezugsscheinen haben wir mal wieder aneinander vorbei-geredet. Ich will ja h i e r gar keine Schuhe kaufen, die solltest Du ja dort besorgen, evtl. Gummistiefel von Dismer. Aber lass man bis ich da bin, sonst ist nachher doch wieder was nicht richtig. In Beverungen war folgen-des los:

Sperrholzplatte soll ich etwa Mitte Oktober bekommen, vielleicht 'ne große 4 mm stark (dicke haben sie nicht), sonst die kleinere. Im Augenblick Maschinenschaden, Liefertermine nicht einhalten können usw. usw.

Bezüglich Handwagen auch Pleite. Kam durch Pförtner-haus und 3 Vorzimmer glücklich zum Chef. Sehr höflich, bitte Platz nehmen usw. und erfahre, dass Euer Werk nur 20 Wagen (keine 50) angefordert hat, dass sie aber für soundso viel Roheisen nur 15 Wagen geliefert bekommt und nicht ein Stück mehr, auch für uns nicht. Geliefert werden könnte in 14 Tagen. Ich habe aber vereinbart, dass die Wagen mit unseren Sachen in einem Waggon zusammen Ende Oktober verschickt werden sollen. Die 15 Handwagen nehmen etwa ¼ des Waggons ein. –

Schemel, Sägen etc. sind noch nicht wieder da, können jeden Tag kommen; nun fahre mal jeden Tag nach Bever-ungen. Die Umzugsgenehmigung kann ich erst Mitte Ok-tober beantragen. Ich werde Anfang Oktober hingehen und den Antrag stellen. Wird wohl früh genug sein? Ich wollte nicht schon jetzt drauf bestehen, weil ich das Amt nicht auf meine Wohnung hetzen will, sonst sitzen mir die auch noch wegen Räumung auf der Pelle. Es genügt schon, dass der Tillmann dauernd drängelt.

Ob ich 'nen Roller kriege, weiß ich nicht, habe den Hake nicht angetroffen. Unsere beiden haben schon geheult bei der Aussicht, einen abgeben zu müssen. Ein einzelner

Roller hat für die beiden keinen Wert, sie fahren immer gleichzeitig und auch noch sehr oft. Außerdem meine ich, ein Tretroller ist doch dasselbe wie ein Wipproller, da käme von unseren ja sowieso keiner in Frage.

12.9. Nun bin ich tatsächlich auch heute nicht zum Weiterschreiben gekommen. Ich schicke den Brief aber so ab, sonst musst Du wieder zu lange auf Post warten und fängst an zu schimpfen. Heute 12 Pfd. Zwetschen von Kemperfeld gekriegt. So, nun aber Schluss, mit herzlichen Grüßen und festen Kuss von Deiner

Erna.

Originaltext von Angelas Brief:

Lieber Pappa! Ich danke dir für das schöne Paket. Das waren mal dicke Äpfel! Die bunten Bilder und die Fibel waren auch fein. Mechthild u. ich haben uns sehr gefreut. Einen dicken Kuss von Angela und Mechthild.


Brief vom 16. September 1946

Lieber Heinz,

schon wieder ein Brief, der in Hast und Eile geschrieben werden muss. Schon deswegen ist es gut, dass wir bald nach Hause kommen. Denn wenn zum Briefeschreiben keine ordentliche Zeit mehr da ist, macht's auch keinen Spaß mehr. Gestern - Sonntag - habe ich Bohnen zum Einmachen fertiggemacht. Die letzten pruddeln gerade noch auf dem Ofen. Samstag habe ich meine letzten Bohnen vom Felde reingeholt. Die grünen rausgesucht und die reifen heute gebündelt und aufgehängt, ein ganz schöner Teil. Dazu riecht es lecker nach Pflaumenmus, das auch noch am Kochen ist und heute Abend noch fertig werden muss. Morgen Vormittag nach Haarbrück, morgen Nachmittag Kartoffeln ausmachen, da reicht es auch wieder nicht zu einem ausführlichen Brief. Die Brotmarken sind umgetauscht, lege Dir 3000g bei. Kannst noch mehr bekommen, wenn Du willst. Außerdem 75g Fett. In den nächsten Briefen wieder je 75g Fett, damit nicht evtl. alles auf einmal verloren geht, wenn dieser Brief mal nicht ankommen sollte. Und noch den Magermilchbestellschein. Kommst Du mit den Nährmittelkleinabschnitten hin? Oder soll ich Dir welche schicken?

Die Hühnchen sind alle sechs munter. Aber von den Kaninchen sind 4 hinüber. Und noch ein paar sind struppig und fressen nicht richtig. Aber meine Pfleglinge sind noch munter. Hoffentlich müssen nicht alle an diese Kinderkrankheit glauben. Ich fange nie wieder eine Zucht an. Die toten Tierchen, die so niedlich und zutraulich waren, aus dem Stall zu schaffen und einzuscharren, geht mir so nahe, besonders in diesen Tagen, und es ist auch wohl Ekel dabei, dass ich seitdem schon fast nichts mehr essen kann.

Für Mittwoch habe ich bei Tölke einen Strauß Gladiolen bestellt. Hoffentlich hält er sein Versprechen, dass ich Ulrich einen schönen Strauß zum Grab bringen kann. Du wirst auch wohl an diesem Tag viel an ihn denken. Wie es nächstes Jahr an diesem Tage sein wird, daran mag ich noch gar nicht denken. Und überhaupt alle Sonntage mindestens und - ach, es hat ja keinen Zweck.

Von Hake soll ich morgen wegen einem Roller Bescheid bekommen.

Für heute Schluss. Ich glaube, das Mus ist gut und ich muss die Gläser noch fertig machen. Herzliche Grüße und einen festen Kuss von Deiner

Erna und den Lütten, wie sie mir beim Zubettgehen noch bestellt haben.

Die "Dicke" ist sehr traurig, weil sie für eine Tauschaktion ihren heißgeliebten schönen Roller hergeben muss. Mama ist darüber auch sehr enttäuscht und ärgerlich. Sie schreibt das entsprechend nachdrücklich an Papa.

*Brief vom 26. September 1946*

*Lieber Heinz,*

*ich hatte mit Schmerzen auf Deinen Brief gewartet und gehofft, Du würdest drin schreiben, ich sollte den Roller hier lassen. Wenn Du die Mechthild gesehen hättest, wie sie im Sessel saß, daumenlutschend und mit der anderen Hand das Paket mit dem Roller streichelnd, das sie sich auf den Schoß genommen hatte! Einem Kind ein Spielzeug versagen, das muss immer mal sein, aber ihm ein liebes Spielzeug wieder abzunehmen, das ist hart und ich war drauf und dran, das Ding wieder auszupacken und auf den Wringer zu verzichten. Trotzdem der Wringer eine Notwendigkeit ist meines Handgelenkes wegen, hätte ich doch drauf verzichtet, wenn nicht Hake mir endlich bestimmt die Holzteile versprochen hätte. Darum ist also auch erst heute der Roller per Express abgegangen.*

*Schreibe auch mal in Deinem nächsten Brief, ob ich für Dich Kartoffeln mit einkellern soll. Wir hatten ja wohl schon davon gesprochen, und Du meintest, Du könntest Deine Portion Kartoffeln dann wöchentlich mit zum Kasino nehmen. - Dann muss ich wieder Geld haben, habe mir schon von Oma was geliehen. Schicke mir bitte was oder kommst Du bald mal selber? Das wäre schön. Ich habe von meinen 25 Pfd. Pflanzkartoffeln gut 3 1/2 Ztr. geerntet. Ganz gut, was? Es war viel drunter aber alle sehr klein. Einen Tag habe ich auch in Haarbrück Kartoffeln mit ausgemacht. Sie waren verlegen um Leute, da musste ich mich schon mit anbieten. Soll mir Mitte Oktober dann Korn*

198

*holen, bis dahin haben sie gedroschen.*

*5 junge Kaninchen sind übrig geblieben, alle anderen tot-gegangen, darunter 2 von meinen "Löffelkindern". Die beiden übrig gebliebenen Löffelkinder sind viel kräftiger geworden, als die "Brustkinder". Von welchen soll ich nun eins abgeben? Die Hühnchen sind noch alle sechse da. Hast Du den Hühnerstall vorbereitet und fertig, wenn wir kommen? Wie ich sehe, bist Du ja mächtig beschäftigt von wegen Obst und Gemüse einmachen usw.. Na, tröste Dich, es geht alles vorüber. Hast Du den Schreibtisch gegen ein Oberbett umgetauscht?*

*Bist Du böse, wenn ich schreibe, Euer Rummel dort lässt mich kalt? Aber wo soll ich denn hin, wenn ich mir jetzt schon vornehme, mich nachher, wenn ich zu Hause bin, tüchtig aufzuregen oder gar jetzt schon. Ich habe hier ge-nug zu kramen, und was bei Euch dort rund geht oder schief, daran kann ich doch mit dem besten Willen von hier aus nichts ändern, oder doch? Ob Oma in Essen dann auf der Couch schlafen will? Ja, das weiß sie ja selber nicht, ob sie in 'nem Bett oder auf 'ner Couch landen will. Auf jeden Fall müssen Elses Sachen bei uns raus, und wenn sie die Couch auch haben will, so muss sie doch schließlich selbst wissen, wo sie die Sachen unterbringt. Es ist prima, dass Du da einen Wagen für in Aussicht hast. Mit dem Einrichten dort, ja, wenn es geht, warte bis ich da bin, ich möchte gerne dabei sein.*

*Übrigens kann ich das Pusselspiel nicht finden, muss mit nach dort gekommen sein. Ich möchte nämlich auch mal was auf den Kopf stellen. Und zwar, ob wir nicht das vor-dere Zimmer (Straßenzimmer) als Schlafzimmer und das Gartenzimmer als Wohnzimmer nehmen können. Das wäre wegen der Heizung und dem Kamin und auch wegen der schönen Aussicht zum Garten u.a. viel richtiger. Fragt sich nur, wie wir die Möbel stellen können. Das Buffet kann m. E. ganz gut in der Küche stehen, der jetzige Kü-chenschrank meinetwegen in den Keller. Was meinst Du? - Von Alfred ist noch nichts da als sehnsüchtige Briefe. Es ist gemein, 1½ Jahre ist der Krieg zu Ende und immer noch halten sie die Gefangenen fest.*

*Du hättest mir ruhig die Kiste mit Äpfeln schicken sollen, ich hätte sie schon verarbeitet und die Kisten müssen ja doch nach hier. - Das Flimmerschiff war das Filmschiff; schrieb ich nicht davon? Die haben hier für den Film "Zug-vögel" Aufnahmen gemacht. Du schreibst von einem kriti-schen Tag. War mein Brief denn so kratzbürstig? Na ja, immer Samtpfötchen, das taugt auch nicht. - Es ist gut, dass Du die Verbindung Vörde, Spellen usw. wieder auf-genommen hast, für nächstes Jahr schon, meine ich. Dann bin ich da und Du hast weiter keine Last damit, als das Herbeischaffen. Und das hat Dir ja immer schon Spaß gemacht. Ich habe ca. 30 Pfd. Äpfel von unserem Baum gekriegt, ebenso viel Birnen. Fallobst gab es so gut wie gar nicht. Habe mal 5 Pfd. von Langental geholt und 'ne Tasche voll von Mia gekriegt, war alles. Davon habe ich was getrocknet und Brotaufstrich gemacht. Jetzt gibt es auch schöne Tomaten zum Butterbrot, aber leider nicht genug zum Einmachen.*

*An Ulrichs Todestag starb hier ein junges Mädchen. Hatte ein schweres Wochenbett (von einem Polen ein Kind), wochenlang krank gelegen, auch eine Blutübertragung half nichts. Die alte Mutter weinte sehr bei der Beerdigung, und ich glaube jetzt, dass manche Mutter wohl noch schwerer zu tragen hat, als ich damals bzw. wir, die wir dem Himmel ein reines Engelchen geben konnten. - Oma wohnte bei Tante erst noch im Möbelzimmer und nun unten, wo Ver-wandtschaft vorher drin war. Wimmelmann hat natürlich alles erst hübsch gemacht. Aber Oma fühlt sich nicht mehr wohl da. So, nun Schluss. Komm bald mal rüber, wir war-*

*ten schon lange auf Dich. Viele herzliche Grüße und einen lieben Gute-Nacht-Kuss von Deiner*

*Erna.*


*Brief vom 09. Oktober 1946*

*Lieber Heinz,*

*Deine Karte kam gestern an, herzlichen Dank. Hast Du nun inzwischen den Wringer getauscht? Und denke auch mal an den Motor von der Waschmaschine. Jetzt wird's ernst. Beiliegend die Umzugsgenehmigung vom Wohnungsamt Beverungen. Wir hätten mal darüber sprechen müssen, welche Gründe am stichhaltigsten gewesen wären. Nun mache Du Deinen Sermon (!) noch dazu, ärztliches Attest wegen Ischias oder so, oder 'ne Befürwortung vom Werk oder was weiß ich. Musst auch noch angeben, dass ich keine besondere Wohnung beanspruche, sondern zu Dir in Deine Räume ziehe? Also sieh mal zu, dass Du das dortige Wohnungsamt davon überzeugst, dass meine Rückkehr eine unbedingte Notwendigkeit ist. Und dann beide Daumen halten, dass es klappt. Wenn nicht, komme ich ohne Genehmigung, evtl. mit Mechthild, und Oma bleibt hier bei Angela. Immer so für ein paar Wochen. Auf jeden Fall wird dann aber umgekrempelt. Wir nach unten in die Räume, Fam. T. nach oben. Die dringendste Arbeit jetzt für Dich ist, glaube ich, der Hühnerstall. Wir können doch die Hühnchen nicht in den Kaninchenstall sperren, wo sie sich jetzt so an die Freiheit gewöhnt haben.*

*Ich habe 13½ Ztr. Kartoffeln im Keller. Genug? Oder soll ich noch mehr besorgen, d.h. versuchen zu besorgen? Ich glaube aber, das langt. Vorige Woche hatte ich mich verleiten lassen mit Frau Dachs in den Solling zu gehen we-*

*gen Bucheckern, das Ergebnis waren 2 Pfd. und ein Rie-*
*senschnupfen. Da habe ich die Lust verloren. Frau Dachs*
*hatte auch nicht den richtigen Platz gesucht und wollte*
*absolut nicht weiter. Und allein konnte ich ja auch nicht gut*
*weiter in den Wald rein gehen. Es war schade, die ande-*
*ren suchen an einem Tag angeblich 5 bis 8 Pfd..*

*Übrigens ist und bleibt das eine Hühnchen verschwunden.*
*Oma hat die ganze Nachbarschaft abgesucht, und alle*
*hatten dieselbe Meinung, nämlich, dass es bei einem, den*
*Du auch kennst, in den Topf gegangen ist, wie schon so*
*oft. Tante hat mir aber dafür ein anderes Huhn verspro-*
*chen, so dass wir doch 4 haben werden. Die Kaninchen*
*sind noch munter. –*

*Vorgestern ist Alfred gekommen. Gestern hat er uns den*
*ganzen Nachmittag erzählt. Er hat es wirklich gut gehabt*
*und sieht auch ganz gut aus. Nächste Woche will er nach*
*Essen. Ich habe nun noch nicht mit ihm darüber gespro-*
*chen, ob er dann wegen des Bettes zu Dir kommen will.*
*Kommen will er wohl, nur weiß ich nicht, ob schon nächste*
*Woche. Also ist es möglich, dass er dort auftaucht. Au-*
*genblicklich hat er ein Bett von Anni geliehen. Gott sei*
*Dank, dass auch er es endlich geschafft hat und Klaus*
*seinen Papa wieder hat. Beiliegend eine Briefmarke, die*
*Oma mir gegeben hat. Wenn es nun die nicht ist, die Dir*
*weggekommen ist, dann schicke mir sie gleich wieder*
*zurück. Oma tut sie dann wieder an ihren Platz.*

*Ich lege Dir ebenfalls den Milchbestellschein bei. Bei Be-*
*ginn der nächsten Periode, 11.11., sind wir hoffentlich zu*
*Hause. Wenn Du von den neuen Karten sonst noch was*
*brauchst, schreibe es mir, ich schicke es Dir dann im*
*nächsten Brief. Es ist recht unfreundliches Wetter gewor-*
*den. Ihr habt sicher schon die Heizung an?*

*August liegt mit einem gebrochenen Oberschenkel in Höx-*

ter im Krankenhaus. Die Pferde sind durchgegangen, hinter sich die Drillmaschine, die August übers Bein ging. Wie ein Spuk wäre es den Deißelweg runtergekommen. Als sie im Hofe von Kemperfeld ankamen und halten mussten (sie kriegten nämlich die Kurve nicht bei dem höllischen Tempo), hatten sie die Drillmaschine stückweise hinter sich gelassen. So ein Viehzeug!

Tante Guste kriegt ein Ehepaar mit 3 Kindern als Ostflüchtlinge und wird diese Tage einen Nervenzusammenbruch kriegen. Markieren tut sie schon so. Ich gönne es ihr (d.h., die Einquartierung, nicht den Zusammenbruch), trotzdem ich ja sonst nicht so schadenfroh bin. Nun ist's alles, was ich weiß. Halt Dich nun die letzten paar Wochen noch steif und nimm für heute viele herzliche Grüße von uns allen besonders von Deiner

Erna, auch einen festen Kuss.


Brief vom 13. Oktober 1946

Lieber Heinz,

nun sitzen wir alle drei am Tisch und wollen Briefe schreiben und alle wollen von mir wissen, was sie schreiben sollen. Dabei weiß ich es selber nicht, denn ich kriege meine "Inspiration" immer erst abends, wenn ich die Lütten im Bett habe und ungestört bin. Aber ich will's mal versuchen. Es ist hier alles in Ordnung. Neuigkeiten hat's nicht gegeben. Ich denke auch gerade daran, wie und wo Du heute Deinen Sonntag verlebst. Denn dass Du oben in der Bude hockst, siehst Dir doch nicht ähnlich, also treibst Du Dich doch wieder wo anders rum. Wesel oder Hattingen, Essen oder Borken? Wir sitzen brav zu Hause, draußen ist's nicht schön. Nur zum Wählen müssen wir gleich, dann noch mal zum Friedhof und schon ist der Nachmittag wieder rum. Es wird jetzt schon früh dunkel seit der Zeit-verschiebung. Morgen wollen Gertrud und ich mit dem Fahrrad nach Drenke. Das liegt irgendwo hinter Beverungen und es soll dort alle Sorten Kohl, Möhren etc. geben, soviel man will. Wir wollen nun mal hören, ob das stimmt und evtl. bestellen. Dann will Willi mit dem Ein-spänner hin und abholen. Hoffentlich stimmt's und kriegen wir tüchtig was. Von meinem eigenen Kohl habe ich das große Fass von Lena halb voll, möchte es aber ganz voll haben, also muss ich noch was dazu haben. Rotkohl und Wirsing will ich trocknen, Möhren evtl. auch oder eine Dimme von machen. Du merkst wohl schon, dass ich ganz konfus bin, denn neben meiner Schreiberei muss ich noch die beiden Lütten mit Stoff versorgen (dazu sagt Angela aber "och nee"), jeden Buchstaben und Krakel soll ich begutachten. Ich habe schon gerade mal mit der Faust auf den Tisch gehauen und nun ist Ruhe für 'ne Minute.

Frau Riemenschn. hat schon 64 Pfd. Bucheckern gesucht. Man wird blass vor Neid. D.h. nicht sie, sondern sie schickt jeden Tag die beiden Kinder los. Ich will es nächste Wo-che doch auch noch ein paarmal versuchen. Na, es hat wirklich keinen Zweck, ich komme ganz durcheinander, bis heute Abend zu warten geht auch nicht, weil ich Alfred den Brief gleich bringen will zum Mitnehmen. Ich wünsche Dir einen schönen Sonntag, wenn Du auch diesen Brief erst später kriegst. Viele herzliche Grüße und einen festen Kuss von Deiner

Erna.

Text von Angela: Lieber Papa, ich sende dir herzliche Grüße. Wir haben jetzt einen neuen Lera. Wir haben jetzt Kartoffel feriechen gehapt. Einen dicken Kuss von deiner lieben Angela.

**Zurück zur Emscher**

Nun liegt der Umzugstermin ganz nahe. Hoffentlich klappt er gut. An was alles gedacht werden muss! Fast macht meine Mutter wieder schlapp. Davon berichtet sie u. a. im nächsten und letzten Brief.

*Brief vom 25. Oktober 1946*

*Lieber Heinz,*

*die Brotmarken 11, A,B,D, sind auch hier ungültig, außerdem die beiliegenden Nährmittelkarten 1,3,5,7. Das gibt ja einen Kuddelmuddel. Die Fässer sind schon vorige Woche, die Kisten heute angekommen. Zwei der Fässer stehen bei Mia und werden dort vollgemacht. Ob ich alles zusammen habe? Ich muss noch nach Haarbrück und Körbecke, hatte aber gedacht, mit Dir dahin zu fahren. Denn wegen der scharfen Kontrolle müssen wir vielleicht durch den Wald und das mag ich nicht alleine tun. Raben, Kartoffeln und Möhren sind alle raus, brauchen nur noch eingesackt zu werden. Die Reisebegleitergenehmigung habe ich beantragt. Sobald die zurückkommt, bestellt bzw. fordert der Beamte am Bahnhof Beverungen den Waggon für uns an und gibt Bescheid. Es ginge aber diesmal langsam, meinte er. Hoffentlich dauert es nicht allzu lange. Du schreibst auch gar nicht, was wir machen, wenn die Zuzugsgenehmigung nicht erteilt wird. Ob wir dann auch umziehen, die Wohnung aufgeben oder nicht. Oma kann und will nicht mehr bei Tante bleiben, erst recht nicht, wenn evtl. Angela auch hierbleibt. Und in Dachs Wohnung kann sie doch auch nur dann bleiben, wenn die Möbel und der Herd noch hierbleiben. Die 15 Handwagen stehen fertig. Vielleicht auch noch einer für uns. Herr Rose will sehen, was sich machen lässt. Das ist 'ne dumme Ausrede, nachher sagt er wahrscheinlich doch wieder nein. Wie verpacke ich die Kisten? Unten Kartoffeln oder Korn, oben Wäsche?*

*Es ist toll am Frieren. Alle Astern, auch die Herbstastern, sind bereits erfroren. Sollte Deine, von der Du schreibst, noch nicht hinüber sein, so bringe sie mit, damit Ulrich zu Allerheiligen wenigstens noch eine blühende Blume hat. Ich glaube, mit den Stiefmütterchen wird das Grab zu voll, meinst Du nicht auch? Es steht schon so viel drauf. Solch frühen Frost haben wir, solange ich denken kann, wohl noch nicht gehabt. Mechthild hat prompt einen fiesen Husten gekriegt. Bin ihr schon tüchtig zu Leibe gegangen mit Kamillenkopfbad, heißem Öl und Hustentropfen. Mir ging es die letzten 14 Tage auch nicht gut, es war nicht so schlimm wie damals. Aber immerhin musste ich manches liegen lassen und bin auch einmal auf halbem Wege nach Beverungen wieder umgekehrt. Nun geht's besser. Ich habe Dir nichts davon geschrieben, damit Du nicht denken solltest, dass ich mir so 'ne Schlappe immer so vor dem Umzug extra bestelle. Na ja, man wird alt. Früher habe ich so 'ne Überreizung für lächerlich angesehen.*

*Das Viehzeug ist noch beieinander, bis auf die Verluste, die Dir ja bekannt sind. Soll ich Sägemehl in Säcke tun zum Streuen für die Kaninchenställe? Kann genug kriegen, zwei Säcke voll habe ich stehen.*

*Ich bin auch gespannt, wie es mit dem Werk bzw. Deiner Stellung wird. Hoffentlich geht alles gut. So, nun noch kurze Zeit und der Rummel geht los und ist hoffentlich bald und gut überstanden. Übrigens konnte ich die Begleitergenehmigung nur für eine Person beantragen, der Beamte sagte, für zwei würde sie doch bestimmt nicht gestattet.*

*Sonst wäre nichts Neues zu berichten. Herzliche Grüße und einen Gute-Nacht-Kuss von Deiner*

*Erna.*

206

Unsere Heimreise nach Oberhausen stand bevor. In Beverungen wartete der Waggon mit den Möbeln und meinem Vater zur Abfahrt auf dem Bahnhof. Papa fürchtete Plünderungen und hatte eine Nacht im Waggon auf dem Sofa geschlafen. Mit dem Rad fuhr meine Mutter mit mir dorthin, um ihm Essen zu bringen. Ich habe nur den Moment in Erinnerung, als die breite Waggontüre aufgeschoben wurde, mein Vater oben stand und auf uns herunter lachte.

Weiter weiß ich noch, dass Angela und ich beim Pastor im Dorf auf Wiedersehen sagten. Er segnete uns zum Abschied und schenkte jedem ein Heiligenbildchen mit einer Widmung auf der Rückseite zur Erinnerung. Das Letzte, was mir von der Weser noch im Gedächtnis geblieben ist, war auf der Rückfahrt im Zug. Der Viadukt in Altenbeken war bombardiert und behelfsmäßig wieder aufgebaut worden. Die Züge durften nur Schritt darüber fahren. Ich saß neben meiner Oma, als der Zug auf die Brücke schlich. Plötzlich faltete meine Oma die Hände über der Brust, schloss die Augen und ihre Lippen bewegten sich. Sie betete wieder. Dieses Mal sicher nur darum, dass die Brücke halten möge, denn Angela und ich saßen ja wohlbehalten neben ihr.

# Nachwort

Obwohl Krieg war, möchte ich die Zeit an der Weser nicht missen. Ich war noch zu klein, um das ganze Ausmaß dieser wirren Zeit zu begreifen. Die Erlebnisse an der Weser haben sich mir eingeprägt. Ich verbrachte trotz des Krieges eine unbeschwerte Zeit. Die Leute vom Hof nahmen uns Mädchen mit auf die Felder, wir versteckten uns unter Zuckerrübenblättern, liefen über pieksende Stoppelfelder, saßen mit am Kartoffelfeuer und schaukelten abends, hoch auf dem Heu- oder Erntewagen sitzend, heimwärts. Meine Mutter hat sehr viel für uns geleistet und durchgemacht. Dazu kam noch der Tod unseres Bruders, den sie nie verwunden hat. Das ganze Elend dieser entsetzlichen Zeit lag schwer auf ihren Schultern, wobei mein Vater seinen Teil nur von Holten aus beitragen konnte. Mein Vater erzählte später öfters mal von der Weser, meine Mutter niemals. Sie hat wohl durch Ulrichs Tod einen Knacks bekommen und diese Zeit der Evakuierung bewusst verdrängt. Allerdings waren sie später bis in die 70er Jahre meist zu Allerseelen dort bei Ulrichs Grab.

In späteren Jahren, als unterernährte Schulmädchen, erholten Angela und ich uns mal mit meiner Mutter bei den Verwandten in Haarbrück und ein anderes Mal in "unserem" Dorfe. Diese Ferien knüpften irgendwie an die Vergangenheit an und waren auch unvergesslich für uns beide.

Nach der Rückkehr dauerten in Oberhausen die Einquartierungen im Hause unserer Eltern noch lange an. In der Doppelhaushälfte wohnten im Obergeschoss in einem Zimmer eine Familie mit 4 Personen (incl. 2 kleinen Kindern), im nächsten Zimmer lebte eine alleinstehende alte Dame und in einem weiteren Zimmer waren meine Großeltern untergebracht. Das Erdgeschoss bevölkerten wir mit 4 Personen. Später wollten die Großeltern unbedingt wieder nach Essen zurück. 1956 zogen sie daher zu meiner Tante nach dort um.

Wo Oma nach unserer Rückkehr zunächst wohnen konnte, erinnere ich mich nicht. Spätere Stationen waren dann Essen, Holten und wieder Herstelle.

1950 wurde unser kleiner Bruder geboren. Meine Eltern hatten beide gehofft, dass Ulrich wiederkäme. Gott sei Dank wurde es auch ein Junge. (Ein Mädchen hätten sie glatt umtauschen müssen!) Meine Schwester blieb später in Oberhausen. Von Zeit zu Zeit fuhr sie zur Weser, verbrachte mit ihrer Familie dort Sommerferien oder besuchte Ulrichs Grab. Mein jüngerer Bruder und ich leben in Bayern, er in München, ich außerhalb von München.

## Dank

An meine Mutter, die aufopfernd unter körperlicher und seelischer Belastung und Not für uns gesorgt hat.

Auch an die vielen lieben Verwandten an der Weser, ohne die die Jahre dort um vieles schwerer und schlimmer für meine Mutter gewesen wären.

Auch an die Frau aus dem Dorfe, die lange Zeit das Grab meines älteren Bruders liebevoll pflegte.

An meine Schwester, die die Idee zu diesem Buch hatte.

An meinen jüngeren Bruder, ohne dessen Hilfe dies Buch nicht entstanden wäre.

## Personen

| | |
|---|---|
| Oma | Mutter von Erna, hatte Wohnung in Essen |
| Tante | Schwester der Oma in Herstelle |
| Tante Else | Schwester von Erna aus Essen bzw. später Hattingen |
| Alfred, Hilde mit Klaus | Ernas Bruder, seine Frau und Sohn |
| Dorchen | Cousine im Kloster Herstelle |
| Willi, August, Gerd, Elisabeth | Cousins von Erna Braut von August |
| Mia | Cousine von Erna in Beverungen |
| Mia und Erich | Verwandtschaft in Hattingen/ Ruhr |
| Konni | Sohn von Dachs in der Siedlung, war später Schiffer, kam zu Besuch, wenn er in Duisburg - Ruhrort vor Anker lag |

## Glossar

| | |
|---|---|
| Aufnehmer | Boden - Wischtuch |
| ausdöppen | reife Erbsen oder Bohnen aus der Schote entnehmen |
| ausgebombt, ausgebrannt | in Bezug auf Zivilbevölkerung: Häuser, Wohnungen komplett zerstört oder Einrichtungen verbrannt |
| ausschellen | Nachrichten im Ort durch einen Ausrufer bekannt geben |
| BDM - Mädchen | weibl. Hitlerjugend |

| | |
|---|---|
| Christbäume | am Himmel ausgesetzte leuchtende Markierungen für Bombenziele |
| Dimme | Miete oder Sandkiste, in der Möhren & Rüben aufgehoben wurden |
| d.u. | dienstunfähig |
| duster | dunkel |
| Flava-Pflänzer [auch Vlawa] | vermutl. Pflanzkartoffelsorte |
| Grieschen | kleine Birnensorte |
| Haspel | Gerät bei der Kartoffelernte |
| Hasselhof, Kemperfeld | Gutshöfe in der Nähe von Herstelle bzw im Ort |
| Höstl | unklar, evtl kleine Pflänzchen |
| Karnap | wohl damals nicht so beliebter Vorort von Essen |
| Kumpaney | Essener Laientheatergruppe, evtl Sportgruppe (zwischen den Kriegen) |
| Landers, Mattler | Geschäfte in Oberhausen – Holten |
| Lork | Kröte, freches Kind |
| Lütte | kleines Kind |
| Nieheimer | Wurstsorte |
| N.S.V. | Nationalsozialistische Volkswohlfahrt (Abk. auch NSV) |
| Räumungsfamilienunterhalt | Beihilfe für Evakuierte |
| Rotsberg | „roter Berg" westl. Herstelle |

| | |
|---|---|
| Runkeldimme | Dimme (bzw Miete) für Runkeln |
| Schlachte | Buhne: in den Fluss hineinragender Steinwall zur Strömungsverminderung und Uferschutz |
| Spieker, Surmann | Namen in Herstelle |
| toll, doll | stark, schlimm, gewaltig (damals wohl negativ belegt) |
| überrollen | besetzen, einnehmen (milit.) |

## Orte

| | |
|---|---|
| Beverungen, Würgassen, Karlshafen | direkte Nachbarorte im Wesertal |
| Haarbrück, Lauenförde, Langenthal, Helmarshsn. | Nachbarorte i. d. brit. Zone, i. d. amerik. Zone |
| Körbecke | Geburtsort von Oma |
| Trendelburg, Deisel, Gottsbüren, Friedrichsfeld | Orte südl. Herstelle / Karlshafen |

## Referenzen

1   100 Jahre Pfarrkirche St. Johann Oberhausen – Holten 1875 – 1975, Hrsg. Pfarrgemeinderat St. Johann, 1975; dort S. 40-45: Wiedergabe der Notizen des damaligen Pfarrers Peter Schallenberg von 1944/45

2   Bonwetsch, G. et al: Grundriss der Geschichte Bd. II Die moderne Welt, 2. Aufl., Ernst Klett, Stuttgart 1967

3   Putzger, F.W.: Historischer Weltatlas, 82.Aufl., Velhagen & Klasing, Bielefeld Berlin Hannover 1961, S.141

# Inhalt, zugleich chronologische Übersicht

**Einleitung und Vorwort**                                          7

**1943**                                                           10
  Umzug und Einrichten am neuen Ort (Sept./ Okt.)   10
  Dem Krieg doch nicht entronnen (Okt./ Nov.)         21
  Heimweh (Nov.)                                                  31

**1944**                                                           34
  Winter (Jan./ Febr.)                                           34
  Bomben im Ruhrgebiet, Großeltern ausgebombt
  (Frühj.)                                                           42
  Sommer & Gartenarbeiten - Landung der Alliierten
  in der Normandie (Juni, Juli)                                48
  Obsternte in Herstelle - Bomben in Holten
  (Aug./ Sept.)                                                    58
  Wintervorbereitungen (Sept.)                              62
  Tod auch in der Familie & neuer Schutzengel
  (Sept.-Nov)                                                      63

**1945**                                                           79
  Winter – Kummer und Einquartierungen (Febr.)     79
  Tiefflieger und Kriegsende (Febr. – Aug.)            84
  Unsichere Planungen, Wintervorbereitung (Aug.)  91
  Wieder Heimweh (Sept.)                                     100
  Trotzdem Planen & weitere Wintervorbereitungen
  (Okt.)                                                             105
  Noch ein Winter an der Weser und Weihnachts-
  vorbereitungen (Nov. / Dez.)                             113

**1946**                                                          129
  Und wieder Winter (Jan./ Febr.)                         129
  Schnee und Hochwasser an Weser und Rhein –
  trotzdem Aufbruchsstimmung (Febr./ März)          138

213

Geplatzte Rückkehr (März/ April)                             153
Wieder das alte Karussell: Warten, Lebensmittel,
Arbeitsplatz (Mai)                                           161
Drohende Zwangsräumung (Juni)                                175
Etcetera (Juni)                                              176
Doch Rückkehrplanung (Aug. – Okt.)                           180
Zurück zur Emscher (Okt. oder Nov.)                          205

**Nachwort**                                                 208

**Dank**                                                     209

**Personenverzeichnis**                                      210

**Glossar**                                                  210

**Ortsverzeichnis**                                          212

**Referenzen**                                               212